V&R

Anne Ruppert

Ab jetzt entscheiden wir gemeinsam!

Partizipation in der
(früh-)pädagogischen Arbeit

Vandenhoeck & Ruprecht

Bibliografische Information der Deutschen Nationalbibliothek

Die Deutsche Nationalbibliothek verzeichnet diese Publikation in der Deutschen Nationalbibliografie; detaillierte bibliografische Daten sind im Internet über http://dnb.d-nb.de abrufbar.

ISBN 978-3-525-70179-9

Weitere Ausgaben und Online-Angebote sind erhältlich unter: www.v-r.de

Umschlagabbildung: © motorradcbr – Fotolia.com

© 2016, Vandenhoeck & Ruprecht GmbH & Co. KG,
Theaterstraße 13, 37073 Göttingen /
Vandenhoeck & Ruprecht LLC, Bristol, CT, U.S.A.
www.v-r.de
Alle Rechte vorbehalten. Das Werk und seine Teile sind urheberrechtlich geschützt. Jede Verwertung in anderen als den gesetzlich zugelassenen Fällen bedarf der vorherigen schriftlichen Einwilligung des Verlages.
Printed in Germany.

Satz: SchwabScantechnik, Göttingen
Druck und Bindung: ✠ Hubert & Co.,
Robert-Bosch-Breite 6, 37079 Göttingen

Gedruckt auf alterungsbeständigem Papier.

Inhalt

Einstieg 9
Vorwort: Wie dieses Buch entstand! 9
Warum ist es wichtig, teilhabend aufzuwachsen? 13
Der große Vorteil eines Arbeitsbuchs 16
Für wen ist dieses Buch? 18

1. Fachteil – Von den Vereinten Nationen in die Praxis! ... 19
Definition Partizipation 20
Vorläufer der UN-Kinderrechtskonvention 22
Erklärung der Rechte des Kindes 23
UN-Kinderrechtskonvention 25
Kinderrechte in Deutschland – SGB VIII 26
Kinderrechte in der Kita 27
Von der UN-Kinderrechtskonvention in die Praxis 29
Wie nehmen Kinder ihre Rechte wahr? 31

1. Arbeitsteil – Wo stehen wir? Wo wollen wir hin? 33
Partizipation in der pädagogischen Arbeit: Wo stehen wir? 33
1. Einheit (60–90 Minuten) 34
   1. Thema: Einstieg 35
   2. Thema: Zielsetzung 37
   3. Thema: Bildungsziele 39
   4. Thema: Bildungsvoraussetzungen 41
2. Einheit 44
   1. Thema: Bildungsvoraussetzungen 44

2. Thema: Gegenüberstellung von Voraussetzungen
und Bildungszielen 46
Zwischenfazit 48

2. Arbeitsteil – Partizipation in der pädagogischen Arbeit 49

3. Einheit 53
   1. Thema: Frühstück (alle Altersgruppen) 56
   2. Thema: Eingewöhnung (U3-Bereich) 60
   3. Thema : Ankommen und Verabschiedung
   (alle Altersgruppen) 62
   4. Thema: Morgenkreis (alle Altersgruppen) 63
   5. Thema: Freispiel (alle Altersgruppen) 65
   6. Thema: Toilettengang (U3-Bereich/Kita) 67
   7. Thema: Sauberkeitserziehung (U3-Bereich) 68
   8. Thema: Konfliktsituationen (alle Altersgruppen) 70
   9. Thema: Mittagessen (U3/Kita) 72
   10. Thema: Übermittagsbetreuung (alle Altersgruppen) 73
   11. Thema: Hausaufgabenbetreuung (Schule) 75
   12. Thema: Wahl der weiterführenden Schule (Schule) 76
   13. Thema: Die Berufswahl (Schule) 78
   14. Thema: Kommunikation (alle Altersgruppen) 78
   15. Thema: Zusammenarbeit mit den Eltern
   (alle Altersgruppen) 80
   16. Thema: Partizipation im Team 81
Zwischenfazit 83

3. Arbeitsteil – Erste Schritte und Evaluation 85

Warum Evaluation? 85
4. Einheit 87
   1. Thema: Eingangsrunde 87
   2. Thema: Wahl einer Evaluationsbeauftragten 88
   3. Thema: Welche Schritte wollen wir zuerst umsetzen? 88
   4. Thema: Welches Ziel verfolgt jede Fachkraft für sich? 90
Fazit 92

2. Fachteil – Ein paar Tipps zum Schluss ... 93
Warum kleine Schritte zum Erfolg führen ... 93
Teilhabe – eine Herausforderung für klein und groß ... 96
Niemand stößt gern auf Ablehnung –
mit Ablehnung umgehen ... 99
Warum müssen Kinder lernen, Entscheidungen zu
überblicken? ... 101
Wie lernen Kinder, Entscheidungen zu überblicken? ... 102
Entscheidungen dürfen auch mal falsch sein ... 104
Warum ist es wichtig, bereits kleine Kinder einzubinden? ... 106
Warum ist die Berufswahl leichter, wenn man
teilhabend aufwächst? ... 109
Wie kann unsere Gesellschaft von Partizipation
nachhaltig profitieren? ... 110

Anhang ... 113
Arbeitsblatt 1: Aussagen ... 114
Arbeitsblatt 2: SMART-Regeln ... 115
Arbeitsblatt 3: Gemeinsames Ziel ... 116
Arbeitsblatt 4: Bildungsziele in der pädagogischen Arbeit ... 116
Arbeitsblatt 5: Bildungsvoraussetzungen ... 118
Arbeitsblatt 6: Auswertung Bildungsvoraussetzungen ... 120
Arbeitsblatt 7: Partizipation als Schlüssel
zum Bildungserfolg ... 121
Arbeitsblatt 8: Methoden/Ziele/Grenzen ... 122
Arbeitsblatt 9: Evaluationsbeauftragte ... 123
Arbeitsblatt 10: Nächste Schritte der Umsetzung ... 124
Arbeitsblatt 11: Mein persönlicher nächster Schritt ... 125

Danksagung ... 126
Literatur ... 127
Code für Download-Material ... 128

Einstieg

Vorwort: Wie dieses Buch entstand!

Partizipation ist mir eine Herzensangelegenheit. Mit Partizipation gelingt so vieles in der pädagogischen Arbeit besser. Mit Partizipation werden so viele Fähigkeiten gestärkt und es wird ein wertschätzendes Miteinander gelebt, das zur Säule pädagogischer Qualität wird. Und doch ist sie in vielen Einrichtungen so weit weg vom täglichen Leben. Sie ist zu einer Auflage pädagogischer Arbeit geworden, die nicht aus dem täglichen Miteinander entstanden ist, sondern politisch benannt und herbeigeführt wurde. Partizipation wurde definiert, wurde gesetzlich determiniert und soll nun in der täglichen Arbeit umgesetzt werden.

Doch, wie es mit theoretischen Vorgaben ist, sie sind weit weg von der Praxis. Wie Partizipation umgesetzt werden kann, welche Haltung es einzunehmen gilt, und welchen Gewinn wir aus der Teilhabe anderer ziehen können, wird in der Vorgabe nur theoretisch reflektiert, nicht mit Herzblut beschrieben.

Nach meinem Buch »Kinder coachen: die bessere Pädagogik« (2014) wurde ich vielfach von Trägern kontaktiert, um Veranstaltungen zur Partizipation durchzuführen. Anfänglich war ich noch verwundert, warum Coaching als Vorlage für Weiterbildungen im Bereich der Partizipation genutzt wurde. Partizipation war mir zwar ein Begriff, doch meine erste Assoziation war die UN-Kinderrechtskonvention und die politische Vorgabe. Mehr fiel mir dazu erstmal nicht ein. Bis ich begann, mich mit Partizipation im pädagogischen Alltag zu beschäftigen. Und da fiel der Groschen: Partizipation gründet zwar auf politischen Vorgaben, ist jedoch viel mehr als das.

Partizipation ist eine Haltung! Partizipation ist ein Miteinander auf Augenhöhe! Partizipation ist Akzeptanz und Wertschätzung!

Und damit basiert Partizipation auf den gleichen Normen und Werten wie »Kinder coachen«. Seitdem begleite ich viele Teams auf ihrem Weg, Partizipation in ihrem pädagogischen Alltag umzusetzen.

In meinen Veranstaltungen lasse ich politische Herleitungen sowie rechtliche Grundlagen weitgehend außen vor. Mein Gedanke ist dabei, dass sich jede Fachkraft die theoretischen Grundlagen und Forderungen anlesen kann. Viel wichtiger ist es doch zu schauen, wie Partizipation in der Praxis umgesetzt werden kann. Was heißt es, Kinder teilhaben zu lassen? Was bedeutet das für mich und meine Arbeit? Wo sind Möglichkeiten? Und wo sind Grenzen?

Nach vielen überaus erfolgreichen Veranstaltungen und dem Erarbeiten vieler Möglichkeiten, Partizipation im pädagogischen Alltag erlebbar zu machen, kam mir der Gedanke, dass es schade ist, diesen fachlichen Austausch nur für mich zu nutzen. Hinzukommt, dass ich zwar einen Leitfaden für die Veranstaltungen entwickelt habe, die Fachkräfte jedoch immer selbst entscheiden konnten, zu welchen Themen sie arbeiten möchten. So kamen Themen auf den Tisch, die für die Fachkräfte wichtig waren, und nicht immer unbedingt solche, die ich als wichtig erachtet habe.

Es kamen rege, fachlich fundierte Runden zustande, in denen Themen wie das gemeinsame Mittagessen, der Morgenkreis oder auch Konfliktsituationen auf Möglichkeiten der Teilhabe für Kinder untersucht wurden. Gleichzeitig wurden Grenzen ausgelotet. So stößt Teilhabe der Kinder in Konfliktsituationen klar an ihre Grenzen, wenn beispielsweise Gewalt angewendet wird.

Meine Aufgabe war es zum einen, die fachliche Herleitung und Definition des Themas zu ermöglichen, und zum anderen, den fachlichen Austausch mit zu gestalten, anzuregen und als Außenstehende neue Aspekte mit hineinzugeben. Auffallend war jedoch, dass, nachdem der Stein einmal ins Rollen kam, also einmal die erste Situation auf ihre Möglichkeiten der Teilhabe betrachtet wurde, die Fachkräfte eine direkte Transferleistung zu neuen Situationen schafften. Es zeigte sich, dass sich etwas in ihrer Haltung zu den Kindern und dem gemeinsamen Miteinander entwickelte. Partizipation hielt zwar nach und nach weiter Einzug in die Praxis, jedoch nicht über Methoden, sondern über die Haltung der Fachkräfte.

»Oft geht es mir so, dass ich eine Entscheidung schnell treffen möchte wie früher. Aber dann trete ich kurz einen Schritt zurück, und ich überlege mir, ob ich die Kinder in diese Entscheidung mit einbinden kann. Und dann fällt mir direkt ein, wie!«

Oft wird Partizipation in Einrichtungen auch bereits gelebt, es passiert nur instinktiv. Daher verstehe ich mich als Entdeckungsreisende, die mit Teams ergründet, wo bereits Partizipation stattfindet. So ist es auch in der Überarbeitung der Konzepte häufig so, dass es gar nicht notwendig ist, Tagesabläufe auf den Kopf zu stellen und neue Regeln einzuführen. Vielmehr geht es darum, bereits vorhandene Möglichkeiten zu finden und diese fachlich begründen zu können. Da der Betreuungsalltag jedoch zeitlich sehr eng gestrickt ist, haben viele Fachkräfte nicht die Möglichkeit ihre Arbeit zu reflektieren und fachlich begründen zu lernen. Erst recht ist es zeitlich schwierig, sich als Team in einer ruhigen Atmosphäre zusammenzusetzen und die Teamsitzung nicht für aktuelle Themen zu nutzen, sondern zur fachlichen Reflexion der Arbeit.

Vor dem Hintergrund dieses wertvollen Austauschs im Team und im Bewusstsein dessen, dass nicht jede Einrichtung die Möglichkeit hat, diesen intensiven und wertvollen Austausch fachlich begleitet durchzuführen, entwickelte ich dieses Arbeitsbuch.

Es soll Sie als Fachkräfte dabei begleiten, sich mit dem Thema Partizipation auseinanderzusetzen und als Team neue Möglichkeiten der Umsetzung zu entwickeln. Jedes Team besitzt dabei seine ganz eigenen Möglichkeiten, Grenzen und Veränderungspotenziale. Daher soll dieses Buch nicht als Vorlage verstanden werden, welche Möglichkeiten der Teilhabe vorgibt und zeigt, wie diese einsetzbar sind, sondern vielmehr als Anregung dienen, um Ihre eigenen Handlungsweisen zu entwickeln.

Nutzen Sie dieses Buch als Input, als Auseinandersetzung und zur Reflexion, und bemerken Sie, wie sich Ihre Haltung verändert. Genießen Sie dabei die fachliche Auseinandersetzung im Team und schauen Sie, wie sich Ihr Blick auf die Kinder und die

Arbeit verändert. Partizipation ist ein Prozess und beginnt mit kleinen Veränderungen. Einmal angestoßen, wirkt er sich auf die ganze Arbeit aus und wächst als Selbstläufer. Nur anstoßen müssen wir ihn!

Warum ist es wichtig, teilhabend aufzuwachsen?

Unsere Gesellschaft braucht Menschen, die mitdenken, die sich einbringen, die Veränderungen antreiben. Viel mehr noch werden Menschen gebraucht, die Interesse daran haben, was sich gesellschaftlich und politisch entwickelt. Menschen, die das Geschehen verfolgen. Nicht, weil es schulisch oder vom Arbeitgeber so gewünscht ist, sondern weil sie Interesse an den Dingen haben. Interesse an den Dingen, die ihr Leben beeinflussen.

Heute ist es jedoch so, dass das Interesse zurückgeht, dass Jugendliche nur teilweise einen Einblick in politische und gesellschaftliche Entwicklungen haben und suchen. Hintergrund ist häufig das Gefühl, nichts bewirken zu können, machtlos zu sein, ob Interesse vorhanden ist oder nicht. Es bleibt die Frage, ob Jugendliche und (junge) Erwachsene das Gefühl haben, gesellschaftlich wahrgenommen zu werden. Ob sie sich als wichtiger Teil der Gesellschaft empfinden. Ob die Gesellschaft ihnen das Gefühl gibt, sie wahrzunehmen und in ihrem Interesse zu handeln. Das dies nicht in jedem Fall möglich ist, ist klar. Die Voraussetzungen für Bildung und Partizipation sind jedoch eben diese Wahrnehmung, Interesse und ein soziales Miteinander.

Kinder, die teilhabend aufwachsen, lernen, dass sie etwas bewirken können. Sie erfahren, dass es sich lohnt, sich in der eigenen Lebenswelt zu engagieren. Sie stellen fest, wie viel Spaß es macht, Dinge selbst zu bestimmen. Ihre Meinung hat einen Wert, sie kann etwas bewirken.

Beispiel

Kinder, die bereits im Kindergarten den Tagesplan mitgestalten, neue Ideen einbringen und auf Gehör stoßen, werden mit einer anderen Selbstverständlichkeit Veränderungen versuchen voranzutreiben, als Kinder, die nur mitlaufen können.

Je früher Kindern Handlungsspielräume eingeräumt werden, desto eher suchen sie sie. Dafür ist es wichtig, sich in Entscheidungen und Mitbestimmung zu üben. Es ist wichtig, mit Entscheidungen anzuecken und Vorschläge entgegen der Meinung anderer zu äußern. Sich einzubringen heißt nicht, immer nur auf Gehör und

Zuspruch zu stoßen. Es ist mindestens genauso wichtig, an Grenzen zu stoßen.

Beispiel

Hugo ist ein sehr beliebtes Kind in der Gruppe. Heute schlägt er vor, beim nächsten Ausflug ins Dinosauriermuseum zu gehen. Die anderen Kinder lehnen seinen Vorschlag ab, obwohl sie bisher immer jeden seiner Vorschläge gut fanden.

Für Hugo ist es eine neue Erfahrung, einen Vorschlag einzubringen und auf Ablehnung zu stoßen. Gleichzeitig ist es eine wichtige Erfahrung zu erkennen, dass die anderen Kinder ihre eigene Meinung haben. Hugo lernt zum einen, dass Vorschläge auch auf Ablehnung stoßen können, und er lernt damit umzugehen. Je früher er diese Erfahrung macht, desto selbstverständlicher kann er so etwas zukünftig verkraften. Gleichzeitig zeigt es ihm, dass Vorschläge nicht nur angenommen werden, weil sie von ihm (dem beliebten Kind) kommen, sondern weil sie inhaltlich interessant sind.

Dieses Beispiel zeigt noch eine weitere wichtige Komponente des Teilhabeprozesses: Die anderen Kinder äußern ihre gegenteilige Meinung, obwohl Hugo ein beliebtes Kind ist. Sowohl Kinder als auch Erwachsene neigen dazu, Sympathieträger eher zu unterstützen als Unsympathen. Nicht selten ist der vom Sympathieträger vorgeschlagene Inhalt eher zweitrangig. Dieses Phänomen ist vollkommen natürlich, weil auch hier der Beteiligungsprozess über die gute Beziehung gelingt, die immer Bildungsvoraussetzung ist. Man möchte den Menschen, den man mag, nicht vor den Kopf stoßen und ablehnen. Es ist viel einfacher, dem Konflikt aus dem Weg zu gehen und dem Sympathieträger zuzustimmen. Die Herausforderung ist, sich objektiv mit Inhalten zu beschäftigen, ohne von der Beziehung und Person geblendet zu sein.

Den anderen Kinder gelingt dies hier: Obwohl Hugo ein beliebtes Kind ist, äußern sie ihre gegenteilige Meinung.

Gerade Sympathie wird häufig als moralische Entscheidungshilfe eingesetzt, die Kinder in Entscheidungsprozessen mit Belohnungen und Drohungen (»Dann bist du nicht mehr mein Freund!«) beeinflussen. Nichts anderes machen öffentliche Personen, wenn sie sich nah an ihrer Zielgruppe bewegen, um sich sympathisch zu präsentieren. Sympathie ist ein Dreh- und Angelpunkt und kann bewusst und unbewusst die Entscheidung eines jeden beeinflussen.

Je früher Kinder lernen, sich objektiv und nach ihren eigenen Wünschen zu entscheiden, desto unabhängiger machen sie sich von Einflussfaktoren, welche die objektive und bedürfnisorientierte Entscheidung lenken.

Der große Vorteil eines Arbeitsbuchs

Der große Vorteil eines Arbeitsbuches ist, dass es Sie in Ihrer täglichen Arbeit begleitet. Es ist nicht nötig, dass Sie sich mehrere Stunden in die Thematik einlesen und erst dann losarbeiten können. In diesem Buch sollen Sie während Ihrer täglichen Arbeit neue Anreize finden, Situationen zu reflektieren und stichwortartig zu dokumentieren, mit dem Ziel, Ihren Kolleginnen neue Ideen mitzuteilen.

Deshalb ist das Buch in zwei Fachteile und drei Arbeitsteile gegliedert. Grundsätzlich ist es nicht notwendig die Fachteile zu lesen, um die Arbeitsteile bearbeiten zu können.

Im ersten Fachteil geht es rein informativ um die Herleitung und den Ursprung der Partizipation.

Daran schließen sich drei Arbeitsteile an. Im ersten geht es darum, eine Brücke von Partizipation zu Ihrer täglichen Arbeit zu schaffen.
- Was hat Partizipation mit pädagogischer Arbeit zu tun?
- Warum ist Partizipation wichtig für die pädagogische Arbeit?
- Was hat Partizipation mit mir zu tun?

Der zweite Arbeitsteil zeigt exemplarisch, welche Möglichkeiten der Teilhabe für Kinder ergänzt werden können. Hier können Anregungen und Impulse entnommen werden und Ihre Arbeit reflektiert werden. Ziel ist es dabei jedoch nicht, die Methoden 1:1 zu übernehmen, sondern vielmehr die eigenen Möglichkeiten anhand dieses Inputs auszuloten.

Der dritte Arbeitsteil beschäftigt sich mit der Evaluation. Jede Veränderung braucht jemanden, der einen Blick darauf hat. Dieser Blick sollte jedoch nicht prüfend sein. Vielmehr geht es darum, Veränderungspotenziale nicht aus den Augen zu verlieren. Ebenso ist es von Bedeutung, die eigene Persönlichkeit und Arbeit stets im Hinblick auf Veränderungen zu reflektieren und zu modifizieren.

Der zweite Fachteil dient der Reflexion und Weiterbildung.

Die Arbeitsteile können sowohl in Einzelarbeit als auch im Team bearbeitet werden. Dies ist sowohl von zeitlichen Ressourcen als auch vom jeweiligen Team abhängig. Sollten Sie gerade zu Beginn hierfür ein paar Minuten im Team aufbringen können, verspreche ich Ihnen, dass diese zeitliche Investition sich sehr bezahlt machen wird.

Das Arbeitsbuch ist als »Übergabebuch« aufgebaut. So ist es nicht dauerhaft notwendig, dass sich jeweils das ganze Team zur selben Zeit mit einem Thema beschäftigt. Vielmehr kann der, der Zeit hat, beginnen, und jeder fügt sich ein, sobald eine ruhige Minute vorhanden ist.

So kann jede Fachkraft sich die Aufgaben selbstständig einteilen und in ihrem Tempo arbeiten. Im Rahmen einer Teamsitzung kann dann gemeinsam geschaut werden, welche Inhalte zusammengetragen wurden, um ein einheitliches Verständnis zu gewährleisten.

Erarbeiten Sie im ersten Schritt jedes Arbeitsteils einen Bearbeitungszeitrahmen!

Über den schriftlichen Austausch im Arbeitsbuch können alle Fachkräfte an neuen Ideen teilhaben und gleichzeitig dient es ihnen als Dokumentation ihrer neuen Möglichkeiten. So haben Leitungskräfte für die Bearbeitung der pädagogischen Konzeption ihrer Einrichtung bereits eine schriftliche Grundlage, auf der sie aufbauen können. Für die Konzeption heißt das außerdem, dass alle Fachkräfte des Teams Teile der Konzeption erarbeiten können, ohne das Gefühl haben zu müssen, eine individuelle Sichtweise niederzuschreiben. Die Ausgestaltung des Konzepts geschieht im gegenseitigen Austausch.

Partizipation gelingt nur als Teamarbeit. Aufgrund von personellen, zeitlichen und finanziellen Engpässen ist die Weiterbildung als Team jedoch eher selten möglich, das gleiche gilt für die Fortschreibung der pädagogischen Konzeption. Dieses Buch schafft die Arbeitsgrundlage für Teams, Partizipation pädagogisch zu begründen, Möglichkeiten im Alltag zu betrachten und an einer neuen Haltung den Kindern gegenüber zu arbeiten.

Klar gelingt dies auch in Einzelarbeit – die Möglichkeit, sich als Team dabei zu befruchten und auf ein gemeinsames Ziel hinzuarbeiten und es zu erreichen, ergibt jedoch den weit größeren Gewinn für jeden Einzelnen sowie für die Arbeit als Gemeinschaft … und damit einhergehend für die pädagogische Arbeit mit den Kindern!

Für wen ist dieses Buch?

Dieses Buch richtet sich an ErzieherInnen, LehrerInnen, PädagogInnen, SozialarbeiterInnen, Eltern und alle Menschen, die mit Kinder zu tun haben. Es bietet die Möglichkeit, Arbeitsbereiche in Einzelarbeit zu bearbeiten, aber auch im Austausch mit anderen. Am besten ist es, sich abwechselnd im Team und in Einzelarbeit mit dem Thema auseinanderzusetzen, da so die Anregungen jedes Einzelnen die Arbeit bereichern und spiralig vorantreiben. Dafür ist es nicht nötig, sich wöchentlich gemeinsam an einen Tisch zu setzen. Viel wichtiger ist es, sich kontinuierlich mit den Inhalten auseinanderzusetzen und sich kleine Sitzungen (eine Stunde) einzuräumen, in denen Inhalte besprochen, ausgewertet, reflektiert und weiterentwickelt werden.

Die zeitliche Einteilung der Arbeitseinheiten ist ein Vorschlag. Sollten Sie einen ganzen Tag für die gemeinsame Arbeit zur Verfügung haben, ist das ebenso gut möglich. Wichtig ist es lediglich, am Ball zu bleiben und die Arbeitspausen zwischen den einzelnen Einheiten nicht zu groß werden zu lassen (max. zwei bis drei Wochen).

In diesem Sinne wünsche ich Ihnen viel Spaß und gutes Gelingen!

Im Juni 2015   Anne Ruppert

1. Fachteil – Von den Vereinten Nationen in die Praxis!

In diesem Teil finden Sie die fachlichen Informationen zu Entstehung und Herleitung von Partizipation. Da sich die Arbeitsteile aus Selbsterfahrung und fachlich bereits vorhandenem Wissen zusammensetzen werden, möchte ich Ihnen hier die Möglichkeit geben, sich mit der historischen Entwicklung von Partizipation in der pädagogischen Arbeit zu beschäftigen. Für die Weiterarbeit mit diesem Buch ist das Lesen dieses Kapitels nützlich, aber keine zwingende Voraussetzung.

Definition Partizipation

Laut Bundeszentrale für politische Bildung meint Partizipation »die aktive Beteiligung bei der Erledigung der gemeinsamen (politischen) Angelegenheiten bzw. der Mitglieder (...) einer Gruppe (...) an den gemeinsamen Angelegenheiten« (bpb 2015). Als Synonym für Partizipation führt der Duden den Begriff »das Teilhaben« an (vgl. Duden, 26. Aufl., 804). Ergänzen möchte ich dazu die Begriffe »Mitbestimmung« und »Mitgestaltung«.

Partizipation ist ein aktiver Teilhabeprozess am gesellschaftlichen Leben. Es meint das Eingebundensein in eine Gemeinschaft, das aktive Engagement für Angelegenheiten des Zusammenlebens. Dafür müssen zwei Bedingungen erfüllt sein: Zum einen muss das Individuum sich selbst einbringen können und dafür die Grundvoraussetzungen mitbringen, zum anderen müssen die anderen Mitglieder das Individuum als Teil akzeptieren und sich für die Teilhabe offen zeigen. Partizipation kann nur im gesellschaftlichen Zusammenspiel gelingen. Es wird zu einem Geben und Nehmen, wovon beide Parteien profitieren.

»Partizipation heißt, Entscheidungen, die das eigene Leben und das Leben der Gemeinschaft betreffen, zu teilen und gemeinsam Lösungen für Probleme zu finden« (Schröder 1995). Partizipation verlangt die Beteiligung aller zur Gruppe gehörenden Individuen. Die Meinung jedes Einzelnen ist wichtig für das Gelingen der Gemeinschaft. Verschiedene Meinungen bringen Vielfalt und neue Ideen. Gleichzeitig können so die Bedürfnisse jedes Einzelnen geäußert und im Zusammenleben berücksichtigt werden.

Voraussetzungen für die Partizipation aufseiten des Individuums sind:
- Das Erkennen der eigenen Bedürfnisse
- Das Bewusstsein für sich und andere
- Die soziale Kompetenz, gesellschaftliche Regeln und den eigenen Handlungsspielraum zu erkennen
- Das Selbstvertrauen, die eigene Meinung äußern zu können
- Entscheidungsräume überblicken zu können
- Wertschätzung und Respekt jedem Einzelnen und der Gemeinschaft gegenüber

Voraussetzungen für die Partizipation aufseiten der Gemeinschaft sind:
- Offenheit neuen und anderen Meinungen gegenüber
- Verschiedenheit als Reichtum verstehen, um den eigenen Blickwinkel zu weiten
- Platz für die Meinung jedes Einzelnen zu lassen
- Wertschätzung und Respekt dem Individuum gegenüber

Ziel von Partizipation ist es, die Kinder und Jugendlichen auf das demokratische Zusammenleben unserer Gesellschaft vorzubereiten und ihnen dafür vielfältige Entwicklungsmöglichkeiten zu bieten. Gleichzeitig wird die Stärkung der Persönlichkeit und sozialen Kompetenz in der Auseinandersetzung mit der Gemeinschaft erreicht.

Partizipation ist ein Teilhabeprozess, der in Wechselwirkung von Individuum und Umwelt gelingt und der die Grundvoraussetzung zum erfolgreichen Zusammenleben in einer Gemeinschaft darstellt. Zum erfolgreichen Zusammenleben gehört es, eigene Bedürfnisse wahrzunehmen, sich mit Meinungen anderer auseinanderzusetzen und zu einem gemeinsamen Konsens zu finden.

Vorläufer der UN-Kinderrechtskonvention

1902 läutete die schwedische Pädagogin Ellen Key mit ihrem Buch **Jahrhundert des Kindes** die Auseinandersetzung mit den Problemen der Jugendhilfe über die nationalen Grenzen hinweg ein.

Bereits **1913** wurde auf dem **Ersten Internationalen Kinderschutzkongress** in Brüssel über internationale Verträge zum Kinderschutz debattiert.

Ebenfalls in den **1920er-Jahren** forderte der jüdische Leiter des Warschauer Waisenhauses »Dom Sierot«, **Janusz Korczak**, Kinderrechte, die über Schutz und Förderung hinausgehen. Sein Bild des Kindes war bereits zur damaligen Zeit geprägt von Gleichberechtigung und Respekt.

1924 verabschiedete der Völkerbund in seiner fünften Versammlung die sogenannte **Genfer Erklärung**, in der Leitlinien zu Belangen der Kinder- und Jugendhilfe festgehalten wurden. Unter anderem wurde bereits hier angeführt »Das Kind soll in der Lage sein, sich sowohl in materieller wie in geistiger Hinsicht in natürlicher Weise zu entwickeln« sowie »Das Kind soll in dem Gedanken erzogen werden, seine besten Kräfte in den Dienst seiner Mitmenschen zu stellen«.

In Folge des Zweiten Weltkriegs führten die Vereinten Nationen die Arbeit des Völkerbunds fort und verabschiedeten **1959** die **Erklärung der Rechte des Kindes**.

Erklärung der Rechte des Kindes

Nach den Leitlinien der »Genfer Erklärung« 1924 wurde auch weiterhin daran gearbeitet, die Rechte der Kinder zu stärken. Fortgeführt wurde die Arbeit des Völkerbundes nach dem Ersten Weltkrieg von den **Vereinten Nationen** (**UN**), die nach langen Beratungen im Jahr **1959** die **Erklärung der Rechte des Kindes** festschrieben. In dem Bewusstsein, dass eine derartige Erklärung nicht als internationales Übereinkommen verbindlich deklariert werden kann, richtet sie sich doch als Empfehlung an alle Staaten.

In der **Präambel** wird der »Glauben an die Grundrechte des Menschen und an Würde und Wert der menschlichen Persönlichkeit erneut bekräftigt und beschlossen (…) einen besseren Lebensstandard in größerer Freiheit zu fördern; (…)«. Als Ziel wird festgehalten, dass Kinder das Recht auf eine glückliche Kindheit haben und die aufgeführten Rechte ihrem eigenen Nutzen sowie dem Nutzen der Gesellschaft dienen. Wohlfahrtsverbände, Kommunalbehörden und Eltern werden dazu aufgefordert diese Rechte anzuerkennen und sich für die Einhaltung der Rechte einzusetzen.

Exemplarisch führe ich einige der Artikel an:
- **Artikel 1** besagt, dass jedes Kind unabhängig von Rasse, Geschlecht, Herkunft und der eigenen Person Anspruch auf die aufgeführten Rechte hat.
- In **Artikel 2** heißt es: »Das Kind genießt besonderen Schutz und erhält kraft Gesetz oder durch andere Mittel Chancen und Erleichterungen, so dass es sich körperlich, geistig, (…) gesellschaftlich gesund (…) und in Freiheit und Würde entwickeln kann. Bei der Einführung von Gesetzen zu diesem Zweck sind die Interessen des Kindes ausschlaggebend.«
- In **Artikel 6** wird deklariert, dass das Kind Verständnis und Liebe braucht zur vollen Entfaltung seiner Persönlichkeit. Das Kind soll in moralischer und materieller Sicherheit sowie mit Zuneigung aufwachsen. Können die Eltern dieser Aufgabe nicht nachkommen, haben die Gesellschaft und öffentliche Stellen die Pflicht, eine besondere Fürsorge zu bieten.
- **Artikel 7** hält den Anspruch des Kindes auf allgemeine Bildung und Erziehung fest, um ihm zu ermöglichen, seine Fähigkeiten,

sein persönliches Urteilsvermögen und seine moralische und soziale Verantwortung zu entwickeln. Ziel ist es, ein nützliches Mitglied der Gesellschaft zu werden. Als Grundlage von Erziehung und Bildung dienen die Interessen des Kindes. Gesellschaft und öffentliche Stellen sind angehalten, dieses Recht zu fördern.

- In **Artikel 10** wird abschließend festgehalten, dass das Kind im Geist der Verständigung, Toleranz und Freundschaft erzogen werden soll, mit dem Bewusstsein, seine Kraft und Fähigkeiten für den Dienst an der Gemeinschaft einzusetzen.

UN-Kinderrechtskonvention

1979 rückte das Bewusstsein für die vorhandene Chancenungleichheit von Kindern erneut ins öffentliche Bewusstsein. 20 Jahre nach Verabschiedung der Erklärung der Rechte des Kindes wurde eine Arbeitsgruppe zur Erarbeitung einer **völkerrechtsverbindlichen Kinderrechtskonvention** (UN-Kinderrechtskonvention) gegründet.

Am **20.11.1989**, zehn Jahre nach Beginn der Arbeit an der Kinderrechtskonvention, wurde das **Abkommen veröffentlicht** und als internationales Vertragswerk mit weltweitem Geltungsanspruch verabschiedet. Am 2. September 1990 trat es in Kraft.

Seither gilt die Kinderrechtskonvention als wichtigste Instanz für Rechte der Kinder. Kinderrechte sind Menschenrechte, die Konvention gehört zu den neun internationalen Menschenrechtsverträgen. Fast alle Mitgliedsstaaten (Ausnahme Sudan und USA) haben das Abkommen ratifiziert, was seine Bedeutung noch unterstreicht.

Jedes Kind hat ein
- »Recht auf freie Meinungsäußerung,
- einen Anspruch auf Gedanken-, Gewissens- und Religionsfreiheit,
- ein Recht auf das erreichbare Höchstmaß an Gesundheit,
- ein Recht auf Bildung sowie
- ein Recht auf Ruhe, Freizeit und Spiel«.

Weiter sind Gesetze zum Schutz vor Gewalt, Verwahrlosung und sexuellem Missbrauch festgeschrieben.

Am **05.04.1992** trat das Gesetz in der **Bundesrepublik Deutschland** in Kraft, allerdings unter dem Vorbehalt, dem Abschieberecht gegen Kinder und Jugendliche Vorrang zu geben (Artikel 3 Absatz 1).

Am **15.07.2010** wurde diese Vorbehaltserklärung zurückgenommen, sodass ohne Einschränkung gilt, das Wohl des Kindes vorrangig zu berücksichtigen.

Kinderrechte in Deutschland – SGB VIII

1922 wurde im Reichsjugendwohlfahrtsgesetz der Weimarer Republik der Grundstein für Kinderrechte in Deutschland gelegt. Dort heißt es in § 1 Absatz 1 »Jedes deutsche Kind hat ein Recht auf Erziehung zur leiblichen, seelischen und gesellschaftlichen Tüchtigkeit«. Im Zuge des Zweiten Weltkriegs und der Nachkriegsjahre stagnierte die Propagierung, ja sogar eine Rückschritt des Bewusstseins für Kinderrechte war zu vermelden – bis in den **1970er-Jahren** dieses Bewusstsein für die freie Entfaltung der kindlichen Persönlichkeit im Zuge der Frauenrechtsbewegung wieder neu erwachte. Dies führte im Jahre **1980** dazu, dass im Bürgerlichen Gesetzbuch (BGB) die Beteiligung der Kinder am familiären Zusammenleben gesetzlich verankert wurde.

1990 folgte die Einführung des Kinder- und Jugendhilfegesetz im Sozialgesetzbuch (SGB VIII), welches noch heute die Teilhabe der Kinder und Jugendlichen in allen gesellschaftlichen Bereichen festlegt. Es heißt gleich in § 1:

»(1) Jeder junge Mensch hat ein Recht auf Förderung seiner Entwicklung und auf Erziehung zu einer eigenverantwortlichen und gemeinschaftsfähigen Persönlichkeit« (SGB VIII, § 1). Weiter heißt es, dass Kinder und Jugendliche ihrem Entwicklungsstand entsprechend an allen Entscheidungen der öffentlichen Jugendhilfe zu beteiligen sind (§ 8). Kindern und Jugendlichen wird ein Wunsch- und Wahlrecht (§ 5) und ein besonderer Schutzauftrag zugesprochen (§ 8a).

Zur Arbeit in Jugendverbänden wird festgehalten, dass hier die Anliegen und Interessen der Jugendlichen vertreten werden und richtungsweisend für die gemeinschaftliche Arbeit sein sollen. Die Arbeit soll gemeinsam organisiert, gestaltet und mitverantwortet werden (§ 12).

Kinderrechte in der Kita

Die Betriebserlaubnis einer Kindertagesstätte ist abhängig von den Möglichkeiten der Teilhabe. So heißt es im SGB VIII, § 45 zur Erlaubnis für den Betrieb einer Einrichtung:

»(2) Die Erlaubnis ist zu erteilen, wenn das Wohl der Kinder und Jugendlichen in der Einrichtung gewährleistet ist. Dies ist in der Regeln anzunehmen, wenn

1. die dem Zweck und der Konzeption der Einrichtung entsprechend räumlichen, fachlichen, wirtschaftlichen und personellen Voraussetzungen für den Betrieb erfüllt sind,

2. die gesellschaftliche und sprachliche Integration in der Einrichtung unterstützt wird (…)

3. zur Sicherung der Rechte von Kinder und Jugendlichen in der Einrichtung geeignete Verfahren der Beteiligung (…) Anwendung finden« (SGB VIII, § 45).

So haben Kindertageseinrichtungen der Forderung nachzukommen, Kinder in ihrer Entwicklung altersentsprechend zu fördern, ihnen Möglichkeiten zur Beteiligung zu geben und Voraussetzungen dafür zu schaffen. Neben dem bundesweiten Gesetz SGB VIII gelten bundeslandspezifische Verordnungen, welche die Arbeit in Kindertageseinrichtungen zusätzlich lenken. Jedes Bundesland hat dabei zwar sein eigenes Gesetz zur Kindertagesbetreuung und Tagespflege, die Grundlagen sind jedoch vielfach vergleichbar.

So heißt es im Bremischen Tageseinrichtungs- und Kindertagespflegegesetz (BremKTG § 3) zum Auftrag der Einrichtungen:

»(2) Tageseinrichtungen und Kindertagespflege sollen in den jeweils gegebenen Situationen auf die Gleichberechtigung, die Zusammenarbeit und das Zusammenleben aller Menschen hinwirken. Sie sollen die Kinder ihrem jeweiligen Entwicklungsstand entsprechend an allen sie betreffenden Angelegenheiten beteiligen.«

In Nordrhein-Westfalen heißt es im Kinderbildungsgesetz (KiBiz § 13):

»(6) Die Bildungs-und Erziehungsarbeit wirkt darauf hin, Kinder zur gleichberechtigten gesellschaftlichen Teilhabe zu befähigen. Daher sollen Kinder ihrem Alter, ihrem Entwicklungsstand und ihren Bedürfnissen entsprechend bei der Gestaltung des Alltags in der Kindertageseinrichtung oder in der Kindertagespflege mitwirken.«

Und schließlich heißt es im Bayerischen Kinderbildungs- und -betreuungsgesetz (BayKiBiG 4. Teil, Artikel 11):

»Das pädagogische Personal soll die Kompetenzen der Kinder für eine Teilhabe am gesellschaftlichen Leben im Sinn eines sozialen Miteinanders fördern.«

Trotz der Unterschiedlichkeit der Gesetzgebung in den einzelnen Ländern finden sich die Vorgaben zur Beteiligung der Kinder und Jugendlichen in jedem Land wieder. Grund dafür ist nicht zuletzt das im Sozialgesetzbuch verankerte Gesetz, das Einrichtungen anhält, ihre Konzeption den Vorgaben anzupassen und Voraussetzungen zur Teilhabe zu schaffen.

Von der UN-Kinderrechtskonvention in die Praxis

Betrachtet man die Rechte von Kindern heute im Vergleich zu den Anfängen des 20. Jahrhunderts, fällt auf, dass sie in der Theorie gar nicht so weit voneinander entfernt liegen. Bereits um 1900 fanden erste Auseinandersetzungen zur Situation der Kinder sowie der Jugendhilfe über die nationalen Grenzen hinweg statt. Die Forderung nach einem neuen Blick auf Kinder, die Forderung nach Beteiligung und individueller Entwicklung wurde propagiert. Bereits in der »Genfer Erklärung« von 1924 wird festgehalten, dass das Kind sich in natürlicher Weise entwickeln und im Gedanken erzogen werden soll, seine Fähigkeiten für das Wohl der Gemeinschaft einzusetzen. Nichts anderes meint Partizipation, wie wir sie heute in Betreuungseinrichtungen leben – individuelle Entwicklung gepaart mit Gemeinschaftssinn.

1959 wurden die Rechte der Kinder von den Vereinten Nationen als Empfehlung verabschiedet. Diese Empfehlung liest sich in vielen Teilen wie das SGB VIII der heutigen Zeit. Kinder sollen soziale Verantwortung und Urteilsvermögen entwickeln und zu einem Mitglied der Gesellschaft werden. Die Interessen der Kinder sind dabei die Leitlinie der kindlichen Entwicklung. Um diese Ziele zu erreichen, brauchen Kinder Liebe und Verständnis, was sowohl von den Eltern als auch von öffentlichen Stellen sichergestellt werden muss. Diese drei Aspekte lassen sich in den Kindergartengesetzen der Bundesländer wiederfinden (s. o.).

Das zeigt, dass Partizipation keine Erscheinung der heutigen Zeit ist und pädagogische Einrichtungen nicht erst seit Einführung des Gesetzes zur Beteiligung von Kindern (gekoppelt mit dem Erlangen der Betriebserlaubnis) auf dieses pädagogische Ziel hinwirken.

Der Ruf nach Partizipation ist bereits seit 100 Jahren präsent, zum Schutz der Kinder und zur Verbesserung ihrer Lebenssituation. Heute wissen wir, dass Schutz, Förderung und Chancengleichheit ohne Beteiligung nicht gelingen kann. Der Vererbung von Bildungschancen kann nur entgegengewirkt werden, indem Kinder in Einrichtungen erfahren, dass sie gleich behandelt werden, unabhängig von ihrer sozialen Herkunft. Alle Kinder dürfen ihre Meinung äußern und können den Alltag mitgestalten. Ihre Meinung ist ebenso wichtig wie die jedes anderen Kindes.

Gerade heute brauchen wir neue Formen der Beteiligung, um Chancenungleichheit (z. B. Armut) entgegenzuwirken. Machen wir uns diese Tatsache bewusst!

Wie nehmen Kinder ihre Rechte wahr?

»Gerade einmal 54 Prozent der befragten Kinder in Deutschland glauben, dass Erwachsene die Rechte von Kindern in ihrem Land respektieren« (Andersen 2014). Die Studie »Children's world – International Survey of Children's Well-Being«, auf die Andersen sich bezieht, hat 45000 Kinder in 15 Ländern zu ihren Rechten befragt. Aus ihr geht hervor, dass weniger als die Hälfte der deutschen Kinder im Alter von 8 bis 12 Jahren weiß, welche Rechte sie haben. Das ist erschreckend im Hinblick darauf, dass das Wissen um die eigenen Rechte Sicherheit und Wohlbefinden stärkt, so Andersen. Der Kinderschutzbund äußert in einer Stellungnahme im November 2014 dazu, dass Bildungschancen nach wie vor vererbt werden und zur Chancengleichheit noch ein weiter Weg ist. Demnach werden Kinderrechte im Alltag der Kinder sehr unterschiedlich gelebt und beachtet.

Warum kennen Kinder ihre Rechte nicht? Welche Voraussetzungen müssen geschaffen werden, um Kinder an ihre Rechte heranzuführen und sie darin zu bestärken, für sich einzustehen? Klar ist, mit Erklärungen und Erläuterungen werden Kinder ihre Rechte nicht besser begreifen und umsetzen können. Vielmehr braucht es Lebensnähe. Kinder sollten ihre Rechte nicht kennen, sie sollten sie erfahren. Das Recht auf Beteiligung bleibt unbeachtet, wenn Kinder in ihrem Alltag nicht mitentscheiden dürfen. Das verlangt nach Erwachsenen, welche die Rechte der Kinder akzeptieren. Kinder brauchen Räume, um Erfahrungen machen zu können. Sie müssen die Erfahrung machen, den Alltag mitzubestimmen, um wahrzunehmen, was ihr Recht ist. Sie müssen erfahren »Nein« sagen zu dürfen, um zu wissen, dass das ihr gutes Recht ist. Sie müssen lernen, dass ihre Bedürfnisse gehört werden, um zu wissen, dass es wichtig ist, sich für sich und die eigenen Bedürfnisse einzusetzen. Es geht somit nicht so sehr darum, Kindern ihre Rechte zu erläutern. Es geht darum, eine Praxis und Lebensumgebung zu schaffen, die eine Erläuterung unnötig macht, weil Rechte respektiert und gelebt werden.

1. Arbeitsteil – Wo stehen wir? Wo wollen wir hin?

Partizipation in der pädagogischen Arbeit: Wo stehen wir?

Um zu wissen, wo Sie hinmöchten, müssen Sie wissen, wo Sie stehen. Wenn Partizipation in Ihre Arbeit einfließen soll, ist ein erster Schritt eine Bestandsanalyse und die Auseinandersetzung damit, was Partizipation eigentlich bedeutet. Daher geht es erst mal nicht so sehr darum, sich mit Partizipation theoretisch auseinanderzusetzen. Sondern vielmehr darum zu schauen, was Partizipation mit Ihrer Arbeit zu tun hat.

Viele Fachkräfte beschäftigen sich mit dem Thema Partizipation, weil es vom Träger so gewünscht und vorgegeben wird. Es ist zu einem unumgänglichen Thema in der Bildungswelt geworden, zu einer Vorgabe, einer Methode, einem Ziel. Dabei ist es primär eine Haltung, die sich nicht von heute auf morgen entwickeln kann. In kleinen Schritten rückt Partizipation ins Bewusstsein, verändert den Blick auf Menschen und entwickelt auf diese Weise die pädagogische Arbeit weiter.

1. Einheit (60–90 Minuten)

Vorbereitung

Atmosphäre

Zum Einstieg eignet sich eine gemeinsame Teamsitzung. Stellen Sie eine nette Atmosphäre her, stellen Sie die Tische an den Rand und setzen Sie sich im Stuhlkreis zusammen. Gestalten Sie eine ansprechende Mitte: Legen Sie eine Tischdecke oder ein Tuch in die Mitte des Stuhlkreises und verzieren Sie sie mit einem Strauß Blumen, einer Kerze oder anderer Dekoration. Stimmen Sie das Licht auf eine gemütliche Arbeitsrunde ab, sodass es für alle eine angenehme Beleuchtung gibt. Sorgen Sie dafür, dass kein Telefon Sie stören kann, keine Klingel oder ähnliche Zwischengeräusche.

Moderatorin

Bereits hier sollte sich eine Person des Teams finden, welche durch die Sitzung führt, eine Moderatorin. Dafür muss sie nicht mehr wissen als die anderen. Es muss auch nicht automatisch die Einrichtungsleitung sein. Oft ist es so, dass sich gerade eine neue Dynamik ergibt, wenn nicht die Leitung der Einrichtung durch die Sitzung führt. Auf diese Weise ist die Leitung eine Teilnehmerin wie jede andere, was sowohl für sie als auch für das Team eine gewinnbringende neue Erfahrung ist.

Die Moderatorin führt durch die Sitzung. Sie behält die Uhr im Blick, sie hat im Blick, dass alle Kolleginnen die Möglichkeit erhalten, sich zu äußern und die Gesprächsanteile jedes Einzelnen nur so hoch sind, dass alle zu Wort kommen können.

Ziel

Als erster Schritt findet eine Absprache (angeleitet von der Moderatorin) statt, wie viel Zeit für die erste Einheit genutzt wird und welche Arbeitsschritte in dieser geschafft werden sollen. Die Moderatorin findet zu jedem Thema eine grobe Zeitübersicht, wie lange für die einzelnen Einheiten benötigt wird. Es ist somit nicht notwendig, eine ganze Teamsitzung mit einer Einheit zu füllen. Viel wichtiger ist es, dass Sie überhaupt die Möglichkeit schaffen, sich zusammenzusetzen, um sich gemeinsam weiterzubilden.

1. Einheit

⏱ Dauer

Die erste Einheit kann in ca. 1 Stunde bearbeitet werden. In dieser kurzen Zeit legen Sie den Grundstein für die Arbeit, die Sie als Einzelarbeit fortsetzen. Sollten Sie daher mehr Zeit aufbringen können, können Sie die Arbeitsschritte in Einzelarbeit direkt mit in die Sitzung einbauen und als Team daran weiterarbeiten. Sonst sollten Sie bereits in der ersten Sitzung eine zeitnahe zweite Sitzung vereinbaren (max. 2 Wochen später), in der Sie an den Inhalten weiter arbeiten.

❗ Kleiner Tipp

Erstellen Sie eine zeitliche Übersicht der ersten Einheit. So können alle Kolleginnen und auch die Moderatorin stets überblicken, welche Themen bereits bearbeitet sind und welche noch vor Ihnen liegen.

Durchführung

1. Thema: Einstieg

Im ersten Schritt der Bestandsanalyse geht es darum zu betrachten, wo Sie mit Ihrer Arbeit stehen, einen Einstieg zu finden und sich (vielleicht erstmals) mit dem Thema *Partizipation* zu beschäftigen.

Dazu nutzen Sie als ersten Schritt eine Impulsrunde mit Aussagen zum Thema Partizipation (Arbeitsblatt 1/Download), unter anderem:
- Kinder zu beteiligen erleichtert die Arbeit der Fachkräfte.
- Das Recht auf Beteiligung an Entscheidungen wird am leichtesten in der Kindheit erlernt.
- Wer Kinder beteiligen möchte, der muss sie einfach fragen, was sie möchten.

✏ Vorbereitung

Schneiden Sie die Aussagen einzeln aus und verteilen Sie sie in der gestalteten Mitte Ihres Stuhlkreises.

Thema

Beginnen Sie, indem Sie gemeinsam aufstehen und sich die Aussagen in Ruhe durchlesen. Schauen Sie, welche Aussage Sie anspricht, bei welcher Sie nicht mitgehen können und nach welcher Sie bereits schon arbeiten. Dabei geht es nicht um richtig oder falsch, es geht vielmehr darum, sich mit Definitionen und Möglichkeiten von Partizipation auseinander zu setzen.

Wenn Sie eine Aussage gefunden haben, die Sie besonders angesprochen hat, nehmen Sie sie auf und setzen Sie sich wieder auf Ihren Stuhl.

Leiten Sie nun eine Runde ein, in der jede Fachkraft Ihre Karte vorstellt und Ihre Gedanken dazu mitteilt. Dafür sollten Sie im ersten Schritt die Aussage für alle vorlesen.

Dieser Austausch im Team dient zum einen als Einstieg in das Thema und zum anderen dazu, das Gespräch in Schwung zu bringen. Die Zitate sind leicht verständlich, sodass sich jede Kollegin einbringen kann.

Hier soll es nicht in eine Diskussion ausarten, sondern jeder hat seine eigene Redezeit.

Dauer

Ca. 15 Minuten

! Kleiner Tipp

Starten Sie doch mit einer kurzen Eingangsrunde und lassen Sie alle Mitarbeiterinnen erzählen, wie sie in der Teamsitzung ankommen, ob etwas Besonderes am heutigen Morgen vorgefallen ist oder etwas die Teilnahme an der gemeinsamen Sitzung beeinflussen könnte.

Diese Runde kann bei einer Gruppe von 7–8 Personen leicht 15 Minuten Zeit kosten. Jedoch ist diese Zeit gut investiert, da die Gedanken des Tages häufig den Zugang zum Thema blockieren können. Aussprechen lässt den Kopf freier werden. Wenn die Ereignisse des Tages ausgesprochen sind, kann die Energie thematisch genutzt werden.

Des Weiteren hat diese Runde den Vorteil, dass die Kolleginnen wissen, wie es den anderen geht, und entsprechend gut auf die Befindlichkeit jedes Einzelnen reagieren können.

Die Moderatorin hat die Aufgabe, die Redezeit soweit im Blick zu haben, dass alle Kolleginnen zu Wort kommen (dabei muss natürlich nicht jeder die gleiche Redezeit füllen) und das Gespräch im zeitlichen Rahmen bleibt.

1. Thema: Einstieg

Vorbereitung: Zitate einzeln ausschneiden und in Mitte des Stuhlkreises legen
Thema: Einstieg ins Thema Partizipation
Methode: Zitatrunde
Dauer: ca. 15 Minuten
Material: Anhang 1/Download

OPTIONAL: Eingangsrunde
Thema: Kennenlernen/Befindlichkeit
Methode: Austausch im Team
Dauer: ca. 15 Minuten

2. Thema: Zielsetzung

Im zweiten Schritt geht es nun darum, ein Ziel für die gemeinsame Arbeit zu entwickeln. Dieser Schritt ist möglich in Einzelarbeit und als Teamarbeit.

 Vorbereitung

Aufhängen der SMART-Regeln
Moderationskarten
Plakat: Gemeinsames Ziel

 Thema

Zu Beginn sollten Sie sich mit der SMART-Regel auseinandersetzen. Sie ist besonders wichtig, da sie nicht nur dazu beiträgt, dass Ziele klar benannt sind, sondern Ziele auf diese Weise auch nachweisbar erreicht werden können. Eine Übersicht finden Sie dazu im Anhang 2/Download. Hängen Sie die Regel für alle sichtbar im Raum auf und klären Sie gemeinsam, ob alle das gleiche Verständnis der Regeln haben.

Spezifisch: Ein Ziel muss klar benannt werden. Beispiel: »Ich möchte die Kinder mit einbeziehen!« Das reicht nicht. Es sollten

Situationen benannt werden, an denen die Veränderung sichtbar werden kann. »Ich möchte die Kinder in die Planung des Tages mit einbeziehen.«

Messbar: Das Ziel sollte messbar und damit nachweisbar sein. Beispiel: »Die Kinder sollen in die Gestaltung des Mittagessens mit einbezogen werden.« Derzeit dürfen sie sich nur Getränke selbstständig einschenken. Die Veränderung ist sichtbar, wenn die Kinder sich selbstständig das Essen auf die Teller füllen. Eine Veränderung ist damit nachweisbar.

Attraktiv: Das Ziel zu erreichen, sollte attraktiv sein. Schauen Sie, ob es für Sie individuell wirklich attraktiv ist, dieses Ziel zu erreichen oder nur fachlich gewünscht.

Realistisch: Das Ziel sollte realistisch sein und damit erreichbar. Beispiel: »Die Kinder sollen mit in die Gestaltung des gesamten Tagesablaufs einbezogen werden.« Von heute auf morgen ein unrealistisches Ziel. Besser: Was wären erste Schritte, die Kinder ab morgen einzubeziehen, ohne dass der gesamte Tagesablauf aus den Angeln gehoben werden muss?

Terminiert: Das Ziel sollte in einem festgelegten Zeitraum erreicht werden. Beispiel: »Bis Ende des nächsten Monats möchten wir die Kinder so weit in die Gestaltung des Mittagessens einbezogen haben, dass sie eigenständig den Speiseplan festlegen.«

Jede Kollegin erhält eine Moderationskarte und einen Stift, um hier ihr individuelles Ziel unter Beachtung der SMART-Regel zu formulieren. Was möchte ich am Ende der gemeinsamen Arbeit zum Thema Partizipation erreicht haben?

Danach trägt jeder sein Ziel vor und führt es ggf. kurz aus.

Aus den gesammelten Zielen soll nun ein gemeinsames Ziel erarbeitet werden. Legen Sie dafür die Karten in die Mitte und lesen Sie sich die Ziele nochmals durch. Erarbeiten Sie im Austausch ein gemeinsames Ziel und reflektieren sie es anhand der SMART-Regel.
- Ist Ihr gemeinsames Ziel spezifisch genug?
- Wie und woran ist es messbar?
- Ist es attraktiv?
- Ist das Erreichen des Ziels realistisch?
- Bis wann möchten Sie das Ziel erreicht haben?

Schreiben Sie Ihr Ziel auf und hängen Sie es gut sichtbar auf, sodass Sie stetig daran erinnert werden.

 Einzelarbeit

Die SMART-Regeln werden im Teamraum für alle sichtbar aufgehängt. Jede Mitarbeiterin nimmt sich eine Moderationskarte, formuliert ihr Ziel und hängt es für die Kolleginnen sichtbar auf. Wenn alle Kolleginnen ihr Ziel aufgeschrieben haben, wird ein gemeinschaftliches Ziel formuliert. Dafür schreibt eine Kollegin einen Vorschlag auf und die anderen können diesen ergänzen oder ihre individuelle Definition aufschreiben. Am Schluss sollten sich alle auf ein Ziel geeinigt haben.

 Dauer

Ca. 20–25 Minuten.

 Beispiel

Ich möchte mir die Vorzüge der Partizipation von Kindern erarbeiten und bis zu den Sommerferien gelernt haben, die Kinder in Entscheidungen miteinzubeziehen.

2. Thema: Zielsetzung

Vorbereitung: Aufhängen der SMART-Regeln. Anhang »Zielsetzung« und »Gemeinsames Ziel« bereit legen
Thema: Ein gemeinsames Ziel setzen
Methode: Einzelarbeit und Austausch im Team
Dauer: ca. 20–25 Minuten
Material: Anhang 2 und 3/Download

3. Thema: Bildungsziele

In diesem Schritt geht es darum, die Verbindung zwischen Bildung und Partizipation herzustellen und ggf. in Einzelarbeit bis zu nächsten gemeinsamen Sitzung vorzubereiten.

 Vorbereitung

Bildungsziele in der pädagogischen Arbeit.

📄 Thema

In diesem Abschnitt geht es um das Thema *Bildung*. Ziel ist es, dass Sie sich über Bildungsziele Ihrer Arbeit austauschen und diese festhalten. Dies gelingt Ihnen, indem Sie ein Plakat mit der Überschrift »Bildungsziele in der pädagogischen Arbeit« in die Mitte Ihres Stuhlkreises legen.

Achten Sie darauf, dass alle Kolleginnen das Blatt im Blick haben.

Einigen Sie sich im ersten Schritt darauf, ob eine in der Mitte sitzt und schreibt (sie darf sich natürlich trotzdem am Austausch beteiligen) oder ob jeder, der ein Ziel benennt aufsteht und es selbst aufschreibt.

Brainstormen Sie frei heraus, welche Ziele Ihre Arbeit verfolgt. Legen Sie dabei nicht den Fokus auf Partizipation, sondern lassen Sie Ihren Gedanken freien Lauf.

⚙ Beispiel

- Sprachentwicklung
- Spaß am Lernen
- Ein Miteinander
- …

🏛 Einzelarbeit

In Einzelarbeit wird das Plakat »Bildungsziele in der pädagogischen Arbeit« aufgehängt, sodass schriftlich während der täglichen Arbeit gebrainstormt wird.

🕐 Dauer

Ca. 15–20 Minuten

---

3. Thema: Bildungsziele
Vorbereitung: Bildungsziele in der pädagogischen Arbeit
Thema: Bildungsziele in der pädagogischen Arbeit
Methode: Brainstorming
Dauer: ca. 15–20 Minuten
Material: Anhang 4/Download

4. Thema: Bildungsvoraussetzungen

Dieses Thema findet als Freiarbeit statt. Es kann zum einen bis zur nächsten gemeinsamen Sitzung bearbeitet werden oder aber in direktem Anschluss. Sollten Sie bis zu zwei Stunden gemeinsamer Sitzung für die erste Arbeitseinheit aufbringen können, schließt sich die Auswertung der Einzelarbeit nahtlos an.

 Vorbereitung

Fragen zum Thema »Bildungsvoraussetzungen«
Fünf Plakate mit jeweils einer Frage zu Bildungsvoraussetzungen bekleben, zu finden im Anhang 5/Download
Plakate aufhängen (für einen längeren Zeitraum zwischen Bearbeitung und Auswertung) oder auf Tischen verteilen mit Stiften

Thema

In diesem Abschnitt findet die Auseinandersetzung mit Bildungsvoraussetzungen statt. Dabei braucht es keinen langen Einstieg zur Definition. Vielmehr geht es darum, sich selbst im Bildungs- und Lernprozess zu betrachten.

Diese Aufgabe ist eine Art Spaziergang. In ruhiger Atmosphäre, ohne Austausch mit den anderen Kolleginnen, horchen Sie in sich hinein, um zu schauen, was Sie brauchen, um gut zu lernen und sich zu bilden.

Dazu finden Sie Antworten auf Fragen, wie:
- Mit wem arbeiten Sie besonders gern zusammen?
- Wann lernen Sie besonders gut?
- Wann äußern Sie gern Ihre Meinung?

Dafür müssen Sie keine ausführlichen Sätze verfassen. Es reicht, wenn Sie Schlagworte aufschreiben. Dabei können Sie jederzeit wieder zurück an ein bereits bearbeitetes Plakat gehen, sollte Ihnen nachträglich noch etwas einfallen.

⚙ Beispiel
Mit wem arbeiten Sie besonders gern zusammen?
- Mit Menschen, die mich akzeptieren
- Mit Menschen auf Augenhöhe
- Mit sympathischen Menschen

👤 Einzelarbeit
Die Plakate werden als schriftliches Brainstorming im Gemeinschaftraum aufgehängt oder in Einzelarbeit im Buch bearbeitet.

🕓 Dauer
Erklärung ca. 5 Minuten
Durchführung ca. 10–15 Minuten
Bei einer ersten Sitzung von 60 Minuten kann diese Übung auch nur erklärt und dann ausgehängt werden, sodass die Kolleginnen die Fragen bis zur nächsten Sitzung beantworten können. Sie eignet sich daher hervorragend auch für eine sitzungsübergreifende Übung.

! Kleiner Tipp
Diese Einzelarbeit eignet sich hervorragend als Einleitung in eine kurze Arbeitspause. Machen Sie dazu ruhige Musik an, nehmen Sie sich etwas zu trinken dazu und lassen Sie sich in gemütlicher Atmosphäre ein paar Minuten auf die Fragen ein.

Bevor Sie die Einheit beenden
Jede Einheit wird gemeinschaftlich beendet, so wie Sie begonnen hat. Geben Sie eine kurze Rückmeldung zu Ihrer gemeinsamen Arbeit oder Ihrem Befinden ab (max. 10 Minuten). Wie beim Blitzlicht kann dies ein Wort oder ein Satz sein (wichtig ist, dass es nicht länger wird):
- Wie haben Sie die gemeinsame Arbeit empfunden?
- Beschreiben in einem Wort/Satz, wie Sie nun auf das Thema blicken.
- Oder wie Sie nun nach Hause gehen.

1. Einheit

4. Thema: Bildungsvoraussetzungen
Vorbereitung: Fragen zum Thema Bildungsvoraussetzungen
Fünf Plakate mit jeweils einer Frage zu Bildungsvoraussetzungen bekleben
Plakate aufhängen (für einen längeren Zeitraum zwischen Bearbeitung und Auswertung) oder auf Tischen verteilen mit Stiften
Thema: Voraussetzungen für den Bildungsprozess
Methode: Rundgang
Dauer: Ca. 20 Minuten
Material: Anhang 5/Download

OPTIONAL: Abschlussblitzlicht
Thema: Abschluss der Einheit
Methode: Blitzlicht
Dauer: Ca. 10 Minuten

2. Einheit

Vorbereitung

Atmosphäre
Moderatorin

🗂 **Ziel**

Ziel der zweiten Einheit ist es, den Zusammenhang von Bildungszielen, -voraussetzungen und Partizipation herzustellen.

🕐 **Dauer**

Ca. 20–30 Minuten

❗ **Kleiner Tipp**

Nutzen Sie die Vielfalt der Bildungsvoraussetzungen Ihrer Kolleginnen für Ihre Arbeit und verfallen Sie in keine Diskussion darüber.

Durchführung

Eingangsrunde

Da diese Einheit nicht mit einer Aussagen-Runde beginnt, bewährt es sich, mit einer kurzen Befindlichkeitsrunde zu starten. Jede Kollegin darf kurz erzählen, wie sie in der Einheit ankommt (ca. 10 Minuten).

1. Thema: Bildungsvoraussetzungen

Zur Auswertung des Rundgangs zum Thema Bildungsvoraussetzungen aus der ersten Einheit legen Sie die Plakate in die Mitte Ihres Stuhlkreises und verschaffen sich einen Überblick über die aufgelisteten Schlagworte.

Im nächsten Schritt geht es im gemeinschaftlichen Austausch darum, die Bildungsvoraussetzungen zu bündeln: Was braucht es, damit Bildungsprozesse gelingen? Stichpunkte werden auf dem dazugehörigen Plakat aufgelistet.

Beispiel
- Freiwilligkeit
- Interesse
- Jemanden, der an mich glaubt

Vorbereitung
Plakate Bildungsvoraussetzungen aus der vorigen Einheit

 Einzelarbeit
Die Plakate »Bildungsvoraussetzungen« werden als schriftliches Brainstorming im Gemeinschaftraum aufgehängt und nun auf einem Plakat von Ihnen gebündelt.

Dauer
Ca. 20 Minuten

! Kleiner Tipp
Häufig ist es so, dass Teams schnell dazu übergehen, über Bildungsvoraussetzungen von Kindern zu sprechen. Achten Sie darauf, dass die Inhalte erst einmal von der eigenen Person ausgehen und nicht direkt aus fachlicher Sicht erläutert werden.

1. Thema: Bildungsvoraussetzungen
Vorbereitung: Fünf Plakate »Bildungsvoraussetzungen«, ein Plakat für die Zusammenfassung
Thema: Voraussetzungen für erfolgreiche Bildungsprozesse
Methode: Austausch im Team
Dauer: ca. 20 Minuten
Material: Anhang 6/Download

OPTIONAL: Eingangsrunde
Thema: Befindlichkeit
Methode: Austausch im Team
Dauer: ca. 10 Minuten

2. Thema: Gegenüberstellung von Voraussetzungen und Bildungszielen

Hier geht es darum, die bereits bearbeiteten Inhalte zusammenzubringen und in Bezug zum Thema »Partizipation« zu bringen.

 Vorbereitung

Plakat Bildungsziele
Plakat Bildungsvoraussetzungen
Partizipation als Schlüssel zum Bildungserfolg (Anlage 7/Download)

 Thema

Sie hängen das Plakat »Bildungsvoraussetzungen« mit einem kleinen Abstand neben das der Bildungsziele. Wichtig ist, dass diese beiden Plakate an einer gut sichtbaren Stelle hängen, da sie für die weitere Arbeit immer wieder benötigt werden.

In die Mitte dieser Plakate hängen Sie nun den Schlüssel »Partizipation«.

Damit steht fest: Partizipation ist kein Ziel, auch keine Voraussetzung. Partizipation ist die Brücke zwischen Bildungsvoraussetzungen, die erfüllt sein müssen, damit ich mich gut bilden kann, und Bildungszielen, welche in der pädagogischen Arbeit erreicht werden sollen. Partizipation wird zur Methode, um Voraussetzungen gerecht zu werden und Ziele zu erreichen.

Tauschen Sie sich bei Bedarf im Team darüber aus.

Lassen Sie die Plakate bis zum Abschluss Ihrer Arbeit mit dem Buch hängen, da sie Ihnen eine nützliche Gedankenstütze sein können. Im Folgenden geht es darum zu schauen, wie Partizipation als Methode in exemplarischen Situationen genutzt werden kann.

Einzelarbeit

Die Plakate werden entweder im Gemeinschaftraum aufgehängt oder in Einzelarbeit betrachtet. Tauschen Sie sich bei Bedarf mit Kolleginnen aus oder notieren Sie Ihre Gedanken in der Anlage »Partizipation als Schlüssel zum Erfolg«. Wichtig ist anschließend eine Gegenüberstellung und der Austausch darüber im Team.

⏲ Dauer

Ca. 15 Minuten

Bevor Sie die Einheit beenden

Nutzen Sie ein kurzes Abschlussblitzlicht, um zu klären
- wie die Einheit empfunden wurde oder
- ob sich an der Befindlichkeit zu Beginn etwas verändert hat oder
- mit welchen Gedanken die Kolleginnen nun nach Hause gehen.

2. Thema: Gegenüberstellung von Voraussetzungen und Bildungszielen

Vorbereitung: Plakat Bildungsziele, Plakat Bildungsvoraussetzungen.
Der Schlüssel zum Erfolg – Partizipation
Thema: Bildungsziele, Bildungsvoraussetzungen, Partizipation
Methode: Gegenüberstellung und Austausch
Dauer: Ca. 5–10 Minuten
Material: Anhang 7/Download

Abschlussblitzlicht
Thema: Abschluss der Einheit
Methode: Blitzlicht
Dauer: ca. 10 Minuten

Zwischenfazit

Als Team haben Sie einen ersten großen Arbeitsschritt jetzt bereits geschafft. Sie haben die Grundlage für die weitere Arbeit zum Thema »Partizipation« gelegt und sich mit den Voraussetzungen und Zielen vertraut gemacht. Sie haben sich aufeinander eingelassen und ein gemeinsames Ziel gesteckt. Sie haben die Ziele Ihrer Arbeit und deren Voraussetzungen aus der eigenen Erfahrung heraus reflektiert. Damit haben Sie nicht nur den Grundstein für die weitere Arbeit gelegt, sondern bereits einen gemeinsamen Arbeitsschritt erfolgreich gemeistert. Diese gemeinschaftliche Reflexion und die Zeit, die Sie sich genommen haben, um Ihre Haltung sowie die Ziele Ihrer Arbeit zu überdenken, wird sich positiv auf Ihre Zusammenarbeit auswirken und Ihren Blick auf sich und die Menschen, mit denen Sie arbeiten, verändern.

2. Arbeitsteil – Partizipation in der pädagogischen Arbeit

Im zweiten Arbeitsteil werden exemplarisch Situationen aus dem pädagogischen Alltag auf ihre Möglichkeiten zur Partizipation hin untersucht. Rückblickend auf die Ergebnisse des ersten Arbeitsteils geht es darum, Teilhabe der Kinder zu ermöglichen und zu betrachten, welche Bildungsziele auf diese Weise erreicht werden.

Im ersten Schritt werden aktuelle Situationen beschrieben, z. B. die Frühstückssituation.

Ohne Wertung wird anschließend betrachtet, welche Möglichkeiten der Teilhabe bereits vorhanden sind und von den Fachkräften ermöglicht werden. Im nächsten Schritt geht es darum, sich bewusst zu machen, welche zusätzlichen Möglichkeiten der Partizipation Sie noch schaffen und welches Bildungsziel Sie damit erreichen können.

Es geht also nicht nur darum, vielfältige Möglichkeiten der Teilhabe aufzulisten, sondern sich ebenso mit den Grenzen von Partizipation zu beschäftigen. Die Einbindung der Kinder in den Tagesablauf ist nur möglich, wenn Grenzen des Miteinander und jeder Person gewahrt werden.

Beispiel

Wenn Kinder in die Gestaltung des Morgenkreises eingebunden werden, fördert das (u. a.) die Sprachentwicklung, da Kinder sich sprachlich einbringen.

Des Weiteren geht es jedoch nicht nur darum, möglichst viele Möglichkeiten zu finden, sondern sie insbesondere auf ihre Umsetzung im pädagogischen Alltag zu untersuchen: Wo sind Möglichkeiten zwar sinnvoll, stoßen aber in ihrer Umsetzung an Grenzen?

Beispiel

Viele Kinder beteiligen sich am Morgenkreis und erzählen ausführlich von ihren Erlebnissen. Für die jüngeren Kinder wird diese ausführliche Erzählrunde jedoch zu lang. Sie können sich nicht mehr konzentrieren und beginnen, Quatsch zu machen.

Teilhabe stößt hier an eine Grenze, weil sie die Kinder eher behindert als fördert. Das heißt jedoch nicht, dass die Beteiligung der Kinder nicht möglich ist. Vielmehr heißt es, eine andere Möglichkeit zu finden, bei der alle Kinder gut mitmachen können.

Beispiel

Seitdem die Fachkraft eingeführt hat, dass jeder maximal eine Redeminute hat und eine Sanduhr für die Kinder mitgebracht hat, klappt es besser. Es können nun alle Kinder der Reihe nach erzählen und die jüngeren Kinder können sich bis zum Ende konzentrieren. Die Fachkraft gibt danach den Kindern, die gern weiter erzählen möchten, die Möglichkeit, nach Beendigung des Morgenkreises sitzen zu bleiben und weiter zu erzählen.

Eine Vielzahl an Situationen lassen sich so unter die Lupe nehmen. Dabei werden Sie feststellen, dass Sie bereits viele Möglichkeiten zur Teilhabe bieten. Auch diese sollten hier mit aufgeführt werden.

Beispiel

Patrick deckt morgens gern mit den anderen Kindern den Frühstückstisch. Da er motorisch noch nicht so weit entwickelt ist wie die anderen Kinder, verschüttet er regelmäßig den Tee und Geschirr geht zu Bruch. Die Fachkraft überlegt mit Patrick, welche Dinge er auf den Frühstückstisch stellen kann, die nicht so schwer/nicht so zerbrechlich sind. Fortan deckt er das Besteck und die Becher ein.

Patrick wird hier zwar in das Geschehen mit einbezogen, stört dabei zunächst jedoch den Arbeitsablauf mehr als ihn zu bereichern. Diese Erfahrung könnte Patricks Motivation sich einzubringen mindern, daher ist es wichtig, ihm neue Möglichkeiten der Beteiligung zu eröffnen.

Hier werden Grenzen nicht als das Ende eines Weges betrachtet, sondern als Chancen für das Aufzeigen neuer Wege und Möglichkeiten.

⚙ Beispiel

Moritz schlägt auf Linus ein. Die Fachkraft geht dazwischen und fragt Moritz warum er Linus schlägt. Moritz erklärt, dass Linus ihn immer im Flüsterton beschimpft, damit es keiner hört und er keinen Ärger bekommt. Die Fachkraft fragt nach Linus' Sicht der Dinge. Er erklärt, dass er Moritz nur ein wenig ärgern wollte. Die Fachkraft bespricht mit Moritz, dass er sich einen eigenen Platz zum Spielen suchen soll, damit er ungestört ist. Sie fragt, ob es das ist, was Linus möchte. Er verneint dies und entschuldigt sich bei Moritz. Moritz tut Gleiches bei Linus und sie bleiben gemeinsam sitzen.

Grenzen können auch dem Schutz dienen, so zum Beispiel in Konfliktsituationen. Hier geht es um das leibliche Wohl der Kinder, das an oberster Stelle steht. Dennoch sollte auch hier die Grenze nicht als das Ende des Weges betrachtet werden, sondern eher als eine nicht akzeptable Handlungsmöglichkeit. Gerade wenn Kinder sich streiten und es zu Gewalt kommt, steckt immer ein Ziel dahinter, das ihnen auf anderem Wege nicht erreichbar erscheint.

⚙ Beispiel

Das Team möchte gern morgens teiloffen arbeiten. Das scheitert jedoch daran, dass nicht jeder Raum personell besetzt sein kann, sodass die Kinder auf sich allein gestellt wären. Gerade bei der Turnhalle ist es schade, dass diese nicht genutzt werden kann. Bald zeigt sich, dass viele Kinder den Flur zum Auspowern nutzen und nicht in ihren Gruppen bleiben. So organisiert sich die Einrichtung in Absprache mit den Kindern um und schließt 2–3 Tage eine andere Gruppe, um die Turnhalle zu öffnen.

Partizipation stößt auch an Grenzen der Organisation. Nicht jedes Vorhaben ist umzusetzen, da einige Möglichkeiten an finanzielle oder personelle Bedingungen geknüpft sind, die sich auf den ersten Blick nicht verändern lassen. Akzeptieren Sie diese Grenzen im ersten Schritt und versuchen Sie, andere Wege zu wählen. Meist ist es so, dass sich durch das Erarbeiten eines anderen Weges neue Möglichkeiten aufzeigen, mit bestehenden Grenzen umzugehen.

⚙ Beispiel

Die teiloffene Arbeit kann heute Morgen nicht stattfinden, da zwei Fachkräfte krank sind. Im Morgenkreis bespricht die Fachkraft mit den Kindern, dass der Tag heute in der Gruppe und im Außengelände stattfinden muss, da die Räume aufgrund der Krankheitsfälle nicht alle besetzt werden können.

Grenzen dürfen sein! Zwar sind gerade verschiedene Möglichkeiten im Umgang mit Grenzen aufgezeigt worden, dennoch dürfen Grenzen auch bestehen bleiben, sie sollten lediglich transparent gemacht werden. Wenn ein offener Umgang mit Grenzen gelebt wird, können auch Kinder diese bereits verstehen und akzeptieren.

Der Umgang mit Grenzen ist mindestens so wichtig wie die Akzeptanz von Grenzen. Im Hinblick auf das Leben in der heutigen Gesellschaft ist es bedeutsam zu erkennen, dass Grenzen die Teilhabe und Eigenständigkeit einschränken können. Es ist wichtig, diese zu nutzen, um neue Wege zur Teilhabe zu reflektieren. Wer das bereits im frühen Kindesalter erlebt, dem prägt es sich wie selbstverständlich ein. Teilhabe in der heutigen Gesellschaft kann immer nur im gesellschaftlichen Rahmen gelebt werden – daher spiegeln Grenzen in Bildungseinrichtungen ein authentisches Bild der Gesellschaft.

3. Einheit

Vorbereitung

Atmosphäre
Moderatorin

⌑ Ziel

Ziel ist es, Alltagssituationen auf Ihre Möglichkeiten der Partizipation zu untersuchen.

🕐 Dauer

Ca. 20–30 Minuten

❗ Kleiner Tipp

Partizipation muss selten von Grund auf eingeführt werden. Lassen Sie sich daher nicht abschrecken, sondern beginnen Sie mit einer Situation, von der Sie meinen, dass Sie schon viel Teilhabe ermöglichen. Das erleichtert zum einen den Einstieg und zum anderen werden Sie feststellen, dass es noch mehr Möglichkeiten gibt, wo bereits welche vorhanden sind.

Durchführung

 Thema

Ziel der Einheit ist es, sich in die Methoden zur Partizipation hineinzubegeben und ein Gefühl für Partizipation im Alltag zu erlangen. Grundsätzlich gelingt dies nicht nur schnell, sondern bringt auch noch Freude, da Sie feststellen werden, dass Sie einiges von dem, was gefordert ist, bereits anwenden. Schreiben Sie gerade auch die Dinge auf, die Sie bereits umsetzen. So haben Sie nicht nur ein schönes Erfolgserlebnis, sondern können Ihre Arbeit auf diese Weise fachlich begründen. Es geht in diesem Teil nicht darum, das Rad stets neu zu erfinden, sondern zu schauen, welche Methoden zur Teilhabe bereits eingesetzt werden und wo noch Potenzial vorhanden ist. Wenn Sie auf den Möglichkeiten, die Sie bereits bieten, aufbauen, können Sie viel mehr erreichen, als wenn Sie große Veränderungen einführen.

Der erste Schritt besteht darin, dass Sie eine erste Auswahl an Themen treffen, an denen Sie gern arbeiten möchten. Das sollten, wenn möglich, Situationen sein, die auch in diesem Buch bearbeitet werden. Da Ihnen die Arbeitsmethode, Inhalte und Ziele unbekannt sind, können Sie auf diese Weise die Vorgaben des Buches besser nutzen. Grundsätzlich können Sie sich natürlich auch anderen Themen zuwenden.

Wählen Sie gemeinschaftlich drei bis vier Themen aus, von denen Sie heute eines gemeinsam bearbeiten. Entscheiden Sie gemeinschaftlich, mit welchem Thema Sie starten möchten. Nach der Bearbeitung des ersten Themas entscheiden Sie, ob Sie die Möglichkeit haben ein weiteres Thema zu bearbeiten oder ob Sie bereits hier in die Einzelarbeit gehen möchten. Sollten Sie nicht die Möglichkeit haben, gemeinschaftlich weiter zu arbeiten, leiten Sie nun die Einzelarbeit bis zur nächsten Sitzung ein. Hängen Sie die Plakate mit den ausgewählten Situationen auf und hängen Sie neben jedes Plakat einen Stift, sodass auch im Alltagstrubel schnell etwas aufgeschrieben werden kann.

✏ Vorbereitung

Plakate »Bildungsvoraussetzungen« und »Bildungsziele«.
Zur Vorbereitung erstellen Sie Plakate zu den jeweiligen Situationen. Unterteilen Sie diese wie in den Vorgaben nach Methoden, Zielen und Grenzen. Überlegen Sie sich, welche Situation Sie gern auf Möglichkeiten der Partizipation untersuchen möchten.

♟ Einzelarbeit

Das Beispiel und das Plakat werden in Einzelarbeit bearbeitet und können für die gemeinschaftliche Reflexion aufgehängt werden.

🕐 Dauer

Pro Thema ca. eine Stunde
Die Dauer der einzelnen Einheiten kann kürzer oder länger sein. Nehmen Sie sich die Zeit, die Sie dafür brauchen. Je intensiver die Vorarbeit ist, desto geringer ist meist die Zeit, die es zur Besprechung braucht.

3. Einheit

Eingangsrunde

Auch hier eignet sich eine kurze Eingangsrunde. Empfehlenswert sind hierfür Bild- oder Impulskarten, die in die Mitte gelegt werden. Jeder greift sich eine, darf etwas zu seiner Karte sagen und dazu, wie er in dieser Einheit ankommt.

Bevor Sie die Einheit beenden

Jede weitere Einheit wird mit einem kurzen Abschluss beendet. Sollten Sie mehr als fünf Minuten Zeit aufwenden können, eignet sich auch eine kurze Reflexionsrunde zur Einheit (ca. 10–15 Minuten).

Eingangsrunde
Thema: Kennenlernen/Befindlichkeit
Methode: Austausch im Team
Dauer: ca. 15 Minuten

Einstieg
Thema: Einigung auf Themen
Methode: Austausch und Abstimmung
Dauer: ca. 5 Minuten

Vorgehen
Thema: Beschreibung einer Alltagssituation und Betrachtung der Teilhabemöglichkeiten
Methode: Austausch im Team
Dauer: Pro Thema ca. 60 Minuten
Material: Anhang 8/Download

Abschlussblitzlicht
Thema: Abschluss der Einheit
Methode: Blitzlicht
Dauer: ca. 10 Minuten

1. Thema: Frühstück (alle Altersgruppen)

Als exemplarisches Beispiel dient uns die alltägliche Frühstückssituation: Ein gemeinsames Frühstück in der Einrichtung ist der ideale Start in den Tag. Dabei wird gerade die Frühstückssituation oft unterschätzt. Ein gedeckter Tisch ist ein Willkommensgruß, es ist eine Einladung, der Kinder sehr gern folgen. Auch wenn die Kinder ihr Frühstück selber mitbringen, können noch Kleinigkeiten wie Rohkost oder Obst angeboten werden.

Das Thema »Frühstück« wird in den einzelnen Einrichtungen sehr variabel gestaltet. Die Kinder bringen ihr Frühstück von zu Hause mit. Oder die Fachkräfte bereiten das Frühstück für die Kinder vor und die Kinder setzen sich an den bereits gedeckten Tisch. Oder aber die Fachkraft schmiert Brote und die Kinder nehmen sich das bereits vorgeschnittene Essen. Eine weitere Variante ist es, dass die Fachkraft mit am Tisch sitzt und die Kinder fragt, was sie gern auf ihrem Brot haben möchten. Daneben gibt es feste wie auch variable Frühstückszeiten.

Besonders schön ist es, wenn das Frühstück in einer ruhigen Atmosphäre stattfindet und in Ruhe gegessen und erzählt werden kann. Für Sie als Fachkraft darf diese Zeit ebenfalls gemütlich und genussvoll sein. Auch Sie können hier Ihr Frühstück auspacken. Gerade, wenn Sie mit frühstücken, ist es eine schöne gemeinsame Aktivität. Sicher kennen Sie das selbst, dass es bei einem Essen nur halb so gemütlich ist, wenn einer nicht mit isst.

Für die Kinder ist ein gemeinsames Frühstück eine Möglichkeit, in Ruhe in der Einrichtung anzukommen. Nach dem ruhigen oder auch turbulenten Morgen zu Hause kommen die Kinder häufig in eine Kindergruppe mit 25 weiteren Kindern, die alle schon mitten im Spiel sind. Ein gemeinsames Frühstück bietet einen Moment der Entspannung und des ruhigen Ankommens. Gleichzeitig ist es eine Möglichkeit, sich in kleinen Gesprächen auszutauschen, Gesprächspartner für sich allein zu haben oder sich in einer Kleingruppe zu unterhalten. Richtig gestaltet bietet sich hier ein Raum voll sozialer Interaktion.

Wichtig ist bei der Bearbeitung nicht, dass es eine *richtige* Situation gibt, sondern dass Sie in Ihrer individuellen Frühstückssituation die Kinder mit einbinden. Es geht im ersten Schritt nicht darum, dass Sie eine neue Situation schaffen, sondern durch kleine Veränderungen die bereits bestehende Situation weiterentwickeln.

⚙ Beispiel

Wenn Sie in der Einrichtung das Frühstück jeden Morgen vorbereiten, inklusive Brote beschmieren und kleinschneiden, könnten Sie mit den Kindern vorab besprechen, welchen Belag sie auf dem Brot haben möchten. Oder Sie beginnen die Brote am Frühstückstisch zu schmieren und besprechen dabei mit den Kindern, was sie gern essen möchten.

! Kleiner Tipp

Jede noch so kleine Veränderung bedeutet erst einmal Aufwand. Selbst wenn Sie nur die kleine Veränderung einführen, die Brote am Frühstückstisch zu schmieren, bedeutet das, dass Sie sich nicht mehr im gleichen Maß um die frühstückenden Kinder kümmern können wie vorher. Bedenken Sie solche Auswirkungen und schauen Sie, wie Sie das in der Gruppe/im Team lösen können.

⚙ Beispiel

Marion berichtet aus ihrer Einrichtung: Die Kinder kommen zwischen 7:30 Uhr und 9:00 Uhr an und dürfen erst mal frei spielen. Währenddessen bereitet eine Kollegin das Frühstück der Kinder in der Küche zu. Sie beschmiert Brote mit Käse, Wurst und Marmelade. Dazu bereitet sie einen Obst- oder Gemüseteller vor. Sie kocht Tee und gießt Wasser in Kannen. Sie stellt für jedes Kind einen Teller und einen Becher auf einen Wagen und bereitet diesen mitsamt dem kompletten Frühstück zu 9:00 Uhr vor.

Während Marion die Kinder zum Frühstückstisch bittet, deckt ihre Kollegin bereits den Tisch ein. Jedes Kind darf sich seinen Platz selbst aussuchen. Wenn alle sitzen, starten alle gemeinsam mit einem Tischspruch, der jeden Morgen der gleiche ist.

Die Kinder bedienen sich an den Brot- und Gemüsetellern und dürfen selbst entscheiden, wie viele Brote sie mit welchem Belag nehmen. Die Fachkräfte achten einzig darauf, dass die Kinder nicht nur Marmeladenbrote essen, sondern zwischendurch eines mit Käse oder Wurst. Zu Beginn des Frühstücks geht Marion mit Wasser und Tee herum und fragt, welches Getränk jedes Kind haben möchte.

Wenn alle Kinder fertig sind, wird das Frühstück gemeinschaftlich geschlossen. Die Kinder gehen in den Waschraum, um sich Hände und Gesicht zu waschen.

Wo sind bereits Möglichkeiten der Teilhabe vorhanden?
- Die Kinder dürfen eigenständig entscheiden, welches Brot sie essen möchten.
- Die Kinder dürfen entscheiden, ob sie Wasser oder Tee trinken möchten.
- Die Kinder können sich eigenständig Brote nachnehmen.
- Die Kinder können entscheiden, wo sie sitzen möchten.
- ...

Weitergehende Fragen
- Dürfen die Kinder wählen, ob sie Obst und Gemüse essen möchten, oder sollten sie sich auch an diesem Teller bedienen?
- Wie gehen Sie mit Kindern um, die nichts essen?
- Wie gehen Sie mit Kindern um, die sehr langsam essen?
- Wie gehen Sie mit Kindern um, die nur Marmeladenbrote mögen?
- Dürfen die Kinder sich eigenständig Getränke einfüllen/nachnehmen?
- Wenn alle Brote aufgegessen sind und die Kinder noch Hunger haben, gibt es mehr?
- Wie gehen Sie mit »Zuviel-Essern« um?
- Wenn Eltern möchten, dass das Kind in der Einrichtung frühstückt, das Kind es jedoch nicht möchte, was machen Sie?
- Wo sehen Sie noch Potenzial?
- ...

FRÜHSTÜCK		
Methoden	Geförderte Ziele	Grenzen
- Kinder entscheiden selbstständig, ob sie Wasser oder Tee trinken möchten - Getränke sind frei zugänglich, sodass Kinder sich selbst bedienen können - Die Kinder können probieren, müssen aber nicht	- Motorische Entwicklung: Brote schmieren, Wasser einschenken, Dinge anreichen - Sprachentwicklung: »Gibst du mir mal das Wasser, bitte!« - Selbstständigkeit: Brotbelag eigenständig wählen	- Der Becher läuft jedes Mal über und der Tisch wird bei jeder Mahlzeit mehrfach überschwemmt - Mangelnde Hygiene: Kinder, die sehr unangenehme Essgewohnheiten besitzen - Zeitbedarf: Brote schmieren braucht

FRÜHSTÜCK

Methoden	Geförderte Ziele	Grenzen
- Menge der Mahlzeit aushandeln (du musst nicht alles aufessen, wie viel schaffst du noch?) - Eigene Entscheidungen zulassen (hungrig/satt) - Kinder füllen sich eigenständig ihr Essen auf die Teller - Hilfe zur Selbsthilfe: Essen zwar kleinschneiden, Kinder jedoch frühzeitig eigenständig essen lassen - Frühstücksplan mit den Kindern besprechen: Welches Obst, Gemüse, Aufstrich? - Kinder entscheiden, wann sie wie lange frühstücken möchten. - Jedes Kind darf sich seinen Platz selbst aussuchen. - Kinder decken den Tisch mit und räumen ihre Sachen wieder ab - Jedes Kind erhält eigenes Geschirr und Besteck - Kinder beschmieren ihre Brote selbst oder entscheiden selbst, welchen Belag sie essen möchten - Kinder entscheiden, ob sie ein Lätzchen anziehen möchten oder sich nach dem Essen ggf. umziehen. - Kinder dürfen den Tischspruch entscheiden - …	- Soziale Kompetenzen: Rücksichtnahme, auf die Bedürfnisse anderer achten - Problemlösekompetenz: Was tun, wenn das Brot sich nicht schmieren lässt - Eigene Bedürfnisse wahrnehmen: hungrig/satt/durstig - …	mehr Zeit als sich nur vom Teller zu nehmen - Organisation: mehr Geschirr, Abwasch, Platz, Behälter etc. - …

2. Thema: Eingewöhnung (U3-Bereich)

Die Eingewöhnung legt den Grundstein für das Wohlbefinden in der Einrichtung. Sie birgt eine Herausforderung für Eltern, Kinder und Fachkräfte, da jede Eingewöhnung ein individueller und unvorhersehbarer Prozess ist. Die Fachkräfte, Eltern und Kinder kennen sich vorab nur wenige Minuten und sollen eine Vertrauensbasis aufbauen, die den nahtlosen Übergang des Kindes in die Einrichtung verspricht. Das Kind steht hier zwar im Mittelpunkt, die Absprachen und Regeln werden jedoch von Fachkraft und Eltern besprochen: Wann kommt das Kind? Was braucht es? Gerade jüngere Kinder können zum Ablauf dieses Prozesses verbal wenig beitragen. Deshalb ist es umso wichtiger, die Mimik und non-verbale Kommunikation der Kinder zu beobachten und anhand dessen Teilhabe auch der ganz Kleinen zu ermöglichen. Es bieten sich viele Möglichkeiten, die Kinder mit einzubeziehen. Dafür braucht es eine gute Beobachtungsgabe und die Empathie der Fachkräfte. Es ist von besonderer Bedeutung, den Kindern Abläufe transparent zu machen: die Verabschiedung, den Umgang mit Gefühlen und die Wiederkehr alltäglicher Situationen. Routinen und Abläufe schenken dem Kind Sicherheit.

Gefühle wie Wut und Trauer begleiten den Ablösungsprozess von Eltern und Kindern. Gerade hier kann Teilhabe darüber erreicht werden, dass Kinder ihre Gefühle sowohl zeigen als auch ausleben dürfen. Gefühle wahrzunehmen, zu akzeptieren und die Regulation zu begleiten, das steht in dieser Phase im Fokus der pädagogischen Arbeit.

Beispiel

Paul weint jeden Morgen, wenn seine Mutter sich von ihm verabschiedet. Die Fachkraft nimmt ihn entgegen und möchte mit ihm zurück in die Gruppe gehen. Dort weint er noch mehr und wehrt sich dagegen. Die Fachkraft dreht mit ihm eine Runde durch die Einrichtung, geht schließlich mit ihm in die Küche. Dort kommt Paul zur Ruhe, weil er aus dem morgendlichen Trubel rauskommt. Langsam beruhigt er sich und die Fachkraft fertigt mit ihm gemeinsam das Frühstück an. Danach fällt es Paul viel leichter, in die Gruppe zu gehen. Für die nächste Zeit machen Paul und die Fachkraft jeden Morgen gemeinsam das Frühstück.

Wo sind bereits Möglichkeiten der Teilhabe vorhanden?
- Wie verläuft ein gewöhnlicher Eingewöhnungsprozess in Ihrer Einrichtung?
- Welche Möglichkeiten der Routine nutzen die Kinder in Ihrer Einrichtung?
- Welche individuellen Möglichkeiten nutzen Sie, um Kinder zu beruhigen?
- Wie gehen Sie mit Wut und Trauer um? Welche Möglichkeiten bieten Sie den Kindern?
- Welche Möglichkeiten der Mitbestimmung haben Kinder bei der Verabschiedung der Eltern?
- Wie gehen Sie mit Rückfällen um, im Laufe des Tages oder im Laufe des gesamten Prozesses?
- …

EINGEWÖHNUNG

Methoden	Ziele	Grenzen
- Eigene Rituale entwickeln - …	- Sicherheit - …	- Wenn Rituale den Tagesablauf stark beeinträchtigen - …

Beispiel

Paul weint bereits, als er merkt, dass die Mutter sich verabschieden möchte. Die Fachkraft nimmt Paul zu sich und erklärt ihm, dass seine Mutter sich verabschieden wird und dass sie heute Mittag, nach dem Mittagessen, wiederkommt. Mutter und Sohn verabschieden sich und die Fachkraft erklärt Paul, dass sie nun gemeinsam in die Küche gehen und wie jeden Morgen das Frühstück für die Kinder zubereiten. Sie verstehe, dass Paul traurig ist. Dabei wird es heute so ein schöner Tag: Nach dem Frühstück werden sie nach draußen zum Spielen gehen, danach einen Singkreis machen und dann kommt die Mutter wieder.

Auf diese Weise gelangen Kinder zu Sicherheit, sie wissen, was auf sie zukommt, können sich selbst zurechtfinden. Die enge Begleitung der Fachkräfte wirkt dabei wie ein Sicherheitsanker – hier finden die Kinder Trost, Wertschätzung und einen Wegweiser für den Tag.

3. Thema : Ankommen und Verabschiedung
(alle Altersgruppen)

Eine Begrüßung beim Ankommen in einer Gruppe ist ein unabdingbarer Einstieg in das Gruppengeschehen. Sie kennen das sicherlich, wenn sie im beruflichen oder privaten Kontext in einer Gruppe zusammensitzen und jemand setzt sich dazu ohne »Guten Morgen« oder »Hallo« zu sagen. Nun ist es natürlich in einer bestehenden Gruppe so, dass man die Macken des anderen kennt und häufig akzeptiert. Warum auch nicht?! Nur weil jemand nicht zum guten Morgen grüßt, heißt das ja noch nicht zwingend, dass er nicht gern hier ist.

Für viele Kinder sind Ankommen und Verabschieden routinierte Situationen, die keiner großen Aufmerksamkeit bedürfen. Andere sprechen nur bedingt aus freiem Willen eine morgendliche Begrüßung aus, ohne dass eine unfreundliche Absicht dahinter steckt. Häufig ist es so, dass gerade Eltern stark hinterher sind, dass ihr Kind den Fachkräften einen guten Morgen wünscht. Auf diese Weise ist die Mitbestimmung sehr gering und die Kinder grüßen *erst recht nicht.*

Und es gibt einige, denen es schwer fällt, morgens in der Einrichtung anzukommen, die Eltern zu verabschieden und sich auf den Tag einzulassen.

Es gibt viele verschiedene Rituale, sich zu begrüßen und den Tag miteinander zu gestalten: Es gibt die Einrichtung, in der man sich die Hand gibt. Es gibt die Einrichtung, in der die Kinder im Flur bei den Eltern abgeholt werden und von der Fachkraft in die Gruppe begleitet werden. Es gibt die Einrichtung, in der Eltern ihre Kinder in die Gruppe bringen und das Kind allein ins Geschehen geht. Und es gibt die, in der die Eltern zwar auch das Kind in die Gruppe bringen, sich hier jedoch direkt eine Fachkraft als Begrüßung und Begleitung des Kindes annimmt. Und dann gibt es noch Einrichtungen, in denen die Kinder allein kommen. Natürlich werden Begrüßungsrituale abhängig vom Kind ganz variabel gehalten.

Die Verabschiedung der Eltern besteht meist in einem Ritual, das Eltern mit ihrem Kind (und meist in Zusammenarbeit mit der Fachkraft) erarbeiten. Das kann ein kleiner Kuss ebenso wie eine feste Umarmung oder das »Rausschmeißen« der Eltern durch das Kind sein.

Ankommen und Verabschiedung sollten so variiert werden, wie es die Kinder sich wünschen. Ein Begrüßungs- und Verabschiedungsritual gelingt in Zusammenarbeit von Kind, Eltern und Fachkraft. Das Kind erfährt über das rituelle Begrüßen der Fachkraft und Verabschieden der Eltern Sicherheit und kann an diesem Prozess aktiv teilhaben. Anders ist es, wenn kein festes Ritual vorhanden ist: Dann kommt der Abschied für Kinder plötzlich und unerwartet. Ein fester Ablauf hilft den Kindern sich auf die Verabschiedung einzustellen und gibt Sicherheit.

Grundsätzlich ist eine Begrüßung ein Willkommensgruß. Ein »Schön, dass du da bist«. Eine Geste der Wahrnehmung und der Aufmerksamkeit. Eine Begrüßung ist etwas Warmes, etwas Freundliches und Offenes. Eine Begrüßung voll Wärme, Freundlichkeit und Offenheit ist immer eine freiwillige Begrüßung!

Wo sind bereits Möglichkeiten der Teilhabe vorhanden?
- Welche Begrüßungsform nutzen Sie in Ihrer Einrichtung?
- Müssen Kinder einen »Guten Morgen« wünschen?
- Wenn es ein Ritual ist, an das sich eigentlich alle Kinder halten, wie gehen Sie damit um, wenn Kinder sich widersetzen?
- Wie viel Freiraum haben die Kinder in der Art der Begrüßung?
- …

ANKOMMEN UND VERABSCHIEDUNG

Methoden	Ziele	Grenzen
- Die Kinder entscheiden selbst, welche Art der Begrüßung für sie die richtige ist - …	- Wahrnehmung der eigenen Bedürfnisse - …	- Eine unfreundliche Begrüßungsatmosphäre - …

4. Thema: Morgenkreis (alle Altersgruppen)

Der Morgenkreis ist ein allmorgendliches Ritual zum Ankommen der Kinder und zum Start in den Tag. Zu einer festen Uhrzeit finden sich die Kinder unter der Leitung einer Fachkraft zusammen, begrüßen sich und gehen täglichen Ritualen nach. Gerade der Morgenkreis bietet einen sicheren Rahmen, damit sich Kinder neu ausprobieren können. Der Morgenkreis bietet viele Möglichkeiten der Teilhabe von Kindern. Die Kinder kennen dieses gemeinschaftliche Ritual. Sie kennen den Ablauf und können sicher daran teilhaben. Bereits für die ganz Kleinen bietet dieses allmorgendliche Ritual einen Ankerpunkt im Tag und wird selbstständig eingefordert. Er ist ein gemeinschaftlicher Start in den Tag, es wird geschaut, welche Kinder am heutigen Tag da sind und welche nicht in der Einrichtung sind. Es wird gezählt, es wird festgestellt, welcher Tag heute ist und was heute in der Einrichtung gemacht wird. Es werden Fingerspiele veranstaltet, es wird gemeinschaftlich gesungen und gespielt, es wird über gemeinsame Erfahrungen gesprochen oder über das Wochenende.

Der Morgenkreis bietet durch seinen immer gleichen Ablauf einen festen und sicheren Rahmen. In diesem sicheren Rahmen können Rituale eigenständig gestaltet und übernommen werden, ohne eine Überforderung darzustellen. So kann die Auswahl und das Anstimmen des Begrüßungsliedes ein erster Schritt sein, Kinder ins Geschehen mit einzubinden.

Der Morgenkreis ist ein Ort der Wahrnehmung der anderen, der Aufmerksamkeit und der Gegenseitigkeit. Einander zuhören, Dinge abstimmen – das sind soziale Erfahrungen und nur einige der Lernerlebnisse, die es im Morgenkreis zu erfahren gibt. Er kann zum Mittelpunkt von Gruppenkonferenzen, zur Themensammlung, zur Besprechung von Ausflügen und vielem mehr genutzt werden. Was die Kinder und die Fachkräfte bewegt, findet hier seinen Raum.

Wo sind bereits Möglichkeiten der Teilhabe vorhanden?
- Wie sieht der alltägliche Ablauf Ihres Morgenkreises aus?
- Welche Routinen haben Sie?
- Wo bringen sich die Kinder ein?
- Welche Aufgaben im Morgenkreis können die Kinder übernehmen?
- Welche Dinge können im Morgenkreis besprochen werden (z. B. Tagesablauf)?
- Wie und wo können sich auch bereits U3-Kinder einbringen?
- …

MORGENKREIS

Methoden	Ziele	Grenzen
– Die Kinder überlegen gemeinsam, welche Kinder heute da sind und welche fehlen – …	– Bewusstsein für sich und andere entwickeln – …	– Kinder, die sich nicht konzentrieren und nicht zuhören können – …

5. Thema: Freispiel (alle Altersgruppen)

Das Freispiel bietet sehr gute Möglichkeiten der Partizipation von Kindern. Angefangen vom freien Aussuchen des Spiels bis hin zur freien Regelgestaltung und den Inhalten.

Das Freispiel ist der Übungsplatz für Kinder. Hier werden Rollen ausgelebt, die im regulären Alltag nicht in das Rollenrepertoire gehören. Hier werden Regeln gesetzt und gebrochen, die im normalen Alltag nicht durchsetzbar sind. Hier werden Feindschaften getestet, Freundschaften erlebt und Hierarchien gebildet. Für die Kinder bilden diese Spielsituationen vielfache Möglichkeiten, sich zu entwickeln. Beginnend bei der Sprache, die als grundlegendes Medium im Spiel dient, hin zu sozialen und emotionalen Erfahrungen.

Für das Freispiel ist es notwendig, dass Kinder einen Platz finden, um sich im geschützten Rahmen hineinfallen zu lassen. Es ist notwendig, dass Kinder einen Rückzugsort nutzen können, dass Spielzeuge allein genutzt werden können und kein Außenstehender das Spiel kommentiert. Für die Fachkraft bedeutet das häufig, die Rolle des stillen Beobachters einzunehmen, da vielfältige Bildungserfahrungen hier beobachtbar sind, jedoch darf es nicht auffällig sein, dass das Spiel der Kinder beäugt wird.

Nur auf diese Weise können sich Kinder im Spiel fallen lassen, sich auf die Situation einlassen und die Lernerfahrungen machen, die ihnen das Spiel ermöglicht.

Dennoch birgt gerade das Freispiel auch seine individuellen Tücken: Spielzeuge sind nicht stets für alle Kinder gleichzeitig zugänglich. Der zeitliche Rahmen kann im laufenden Tagesablauf nicht so flexibel gestaltet werden, wie es das Spiel der Kinder fordert. Rückzugsmöglichkeiten der Kinder können nicht stets in dem Maß gewährt werden, wie Kinder es sich wünschen. Und auch die

Spielsituation als solche kann im laufenden Gruppenbetrieb nicht den Schutz genießen, den sie braucht.

Es gibt zudem Kinder, denen Freispiel als solches eher fremd ist. Sie sind es gewohnt, bespielt zu werden, finden daher oft nur kurzzeitig ins Spiel hinein oder sind auf eine Fachkraft als Spielbegleiter angewiesen.

Abhängig vom Alter der Kinder stellt sich die Frage, inwieweit das Spiel durch eine Begleitperson von außen geschützt werden sollte bzw. wie viel Schutzraum die Kinder sich für ihr Spiel wünschen. Gerade im U3-Bereich ist es so, dass Kinder in die Spielsituation anderer ungefragt eindringen und diese stören können. Ab wann schreitet die Fachkraft ein: Tut sie dies nur auf Anfrage oder beobachtet sie die Situation und wird ungebeten aktiv?

Im (Vor-)Schulalter der Kinder geht es eher darum, ihnen einen Schutzraum und eine Privatsphäre zu gewähren. Die Schwierigkeit besteht eher darin, inwieweit die Fachkräfte die Privatsphäre der Kinder schützen können und wo sie den Eindruck haben, nach den Kindern sehen zu *müssen*. Gerade wenn es um so genannte Doktorspiele geht, ist es ein Abwägen, ab wann die Privatsphäre der Kinder übergangen werden sollte und die Fachkraft die Situation bewusst stört.

Wo sind bereits Möglichkeiten der Teilhabe vorhanden?
- Wie viel Zeit haben die Kinder im Laufe des Tages für das Freispiel?
- Haben die Kinder Privatsphäre? Wie gehen Sie damit um?
- Wie gehen Sie damit um, wenn Kinder Spielzeug den ganzen Morgen an sich nehmen, obwohl auch andere Kinder damit spielen möchten?
- Wie erklären Sie den Kindern, dass die Freispielzeit zu Ende ist?
- Wie gehen Sie mit Bauten oder unfertigen Spielsituationen um?
- Wie viel Mitbestimmung haben die Kinder dabei?
- …

FREISPIEL

Methoden	Ziele	Grenzen
– Die Kinder entscheiden selbst, mit was und mit wem sie spielen – …	– Ausprobieren in verschiedenen Rollen mit verschiedenen Spielpartnern – …	– Spiel entwickelt Eigendynamik, die mehr Kinder ausgrenzt als miteinbezieht – …

6. Thema: Toilettengang (U3-Bereich/Kita)

Der Toilettengang und das Wickeln gehören in der Kita zum täglichen Tagesablauf. Routiniert werden die Kinder auf die Toilette geschickt und gewickelt, bevor es zum Ausflug oder auf den Spielplatz geht. Vor dem Essen werden die Kinder daran erinnert, nochmal zu gehen, wobei sie auch während des Essens auf Nachfrage gehen dürfen. Gewickelt wird bedürfnisorientiert oder zu einer bestimmten Tageszeit. Die Fachkraft ruft die Kinder nach und nach zu sich und wickelt im Akkord. Nicht selten bleiben nur ein paar Minuten pro Kind.

Dabei birgt der Toilettengang neben dem körperlichen auch das Bedürfnis auf Privatsphäre. Einige Kinder haben Schwierigkeiten, das stille Örtchen aufzusuchen, an dem es gerade alles andere als still ist. Im Toilettenraum, im Waschraum, ist fast immer etwas los. Kinder werden gewickelt, es werden Hände gewaschen, Zähne geputzt und zuweilen wird auch gespielt.

Kinder sollen lernen, ihr Bedürfnis wahrzunehmen, werden jedoch gleichzeitig auf die Toilette geschickt/gewickelt, wenn es zur Tagesordnung passt (vor dem Mittagessen). Daraus ergibt sich ambivalentes Feld zwischen Partizipation und Anleitung.

Der Toilettengang/das Wickeln ist eine sehr private Angelegenheit, auch für Kinder, nicht selten von Schamgefühl und Unsicherheit begleitet. Trotz dieser Gefühle können Kinder nicht immer ihrem Wunsch nach Privatsphäre entsprechend handeln, sondern suchen den Waschraum mit vielen anderen Kindern auf.

Der Wasch- und Toilettenraum sollte daher Möglichkeiten der Privatsphäre schaffen. Kinder sollten die Möglichkeit haben, allein oder mit ausgewählten Kindern gehen zu können. Sie sollten »auch mal nur gucken« dürfen, was die anderen Kinder auf der Toilette machen, um Hemmungen abzulegen. Das Schamgefühl der Kinder sollte sowohl beim Wickeln als auch beim Gang zur Toilette ernst genommen werden. Indem die Fachkraft dem Kind erklärt, was sie macht (»Nun mache ich deine Windel auf und wir schauen mal, was drin ist.«) erklärt sie, was passiert. Das Kind fühlt sich aktiv miteinbezogen und es eröffnet sich die Möglichkeit der Mitgestaltung, zum Beispiel durch das Anreichen der Feuchttücher. Das Schamgefühl kann abgelegt werden, da das Kind sich einbringen kann und eine vertraute Atmosphäre geschaffen wird. Die größtmögliche Selbstbestimmung wird so erhalten und gestärkt.

Wo sind bereits Möglichkeiten der Teilhabe vorhanden?
- Wann gehen die Kinder in Ihrer Einrichtung auf die Toilette?
- Wie gehen Sie mit Kindern um, die nur allein/gemeinsam auf die Toilette gehen?
- Wie gehen Sie mit Kindern um, die nicht gewickelt werden möchten?
- Wie gehen Sie mit Kindern um, die *immer* während des Mittagessens auf die Toilette gehen, statt vorher?
- ...

TOILETTENGANG		
Methoden	Ziele	Grenzen
- Privatsphäre im Waschraum ermöglichen	- Kinder können bedürfnisorientiert auf die Toilette gehen	- Wenn Räume Privatsphäre nicht hergeben können
- ...	- ...	- ...

7. Thema: Sauberkeitserziehung (U3-Bereich)

Sauberkeitserziehung kann ein Thema voller Scham oder Stolz sein. Sie ist ein großer Bestandteil der pädagogischen U3-Arbeit. Fachkräfte haben eine professionelle und bedeutende Rolle im Prozess und begleiten neben den Kindern auch die Eltern mit Rat und Tat. Wie bei der Eingewöhnung steht zwar das Kind im Mittelpunkt des Prozesses, dennoch wird er von Fachkräften und Eltern (ein-)geleitet. Unter Berücksichtigung des Entwicklungsstands des Kindes wird Schritt für Schritt der Weg ohne Windel erprobt. Sauberkeitserziehung gelingt umso leichter, je unbefangener Kinder mit dem Gang zur Toilette vertraut gemacht werden. Es sollte auf freiwilliger Basis passieren und nicht als Aufforderung mit dem Ziel, sauber zu werden. Wenn Kinder bereits mit einem Jahr beim Windelwechsel spielerisch auf die Toilette gehen können, ist zu diesem Zeitpunkt noch kein Druck damit verbunden. Anders ist es, wenn Kinder im Alter von drei Jahren von heute auf morgen auf die Toilette gehen sollen, um keine Windeln mehr tragen zu müssen. Der Satz »Du bist nun groß genug, das schaffst du!« ist gut gemeint; er kann aber dazu führen, dass Kinder sich unter Druck gesetzt fühlen. Dann können Gefühle wie Überforderung oder Wut und Trauer über die eigene Niederlage den Weg zur Sauberkeit begleiten. Es ist wichtig, die Gefühle und Bedürfnisse des Kindes wahrzunehmen und danach die nächsten Schritte auszurichten. Da das Kind das Tempo dieses Prozesses bestimmt, sollten sich Eltern und Fachkräfte diesem anpassen. Deshalb profitieren hier alle Parteien besonders von der Mitbestimmung des Kindes.

Wo sind bereits Möglichkeiten der Teilhabe vorhanden?
- Wie gelingt Sauberkeitserziehung in Ihrer Einrichtung?
- Wie führen Sie die Kinder an den Prozess des Sauberwerdens heran?
- Welche Möglichkeiten der Mitbestimmung bieten Sie Kindern an?
- Wie gehen Sie mit Angst vor der Toilette um?
- Wie gehen Sie damit um, wenn doch noch etwas in die Hose geht?
- Welche Möglichkeiten haben Kinder, den Prozess mit zu bestimmen?
- Wie oft »muss« auf die Toilette gegangen werden?
- …

SAUBERKEITSERZIEHUNG

Methoden	Ziele	Grenzen
- Kinder können mit Freunden auf die Toilette gehen - …	- Bedürfnis nach Begleitung wahrnehmen und äußern – behutsamer Übergang - …	- Wenn Kinder nur noch zu zweit auf die Toilette gehen - …

! Kleiner Tipp
Wenn Sie die Möglichkeit haben, schicken Sie Kinder gemeinsam auf die Toilette. Gerade wenn befreundete Kinder gemeinsam zur Toilette gehen, steht der Akt an sich nicht mehr im Fokus.

Wickeln Sie jüngere Kinder, während ältere auf die Toilette gehen. Die Vorbildfunktion der älteren Kinder ist hier nicht zu unterschätzen.

8. Thema: Konfliktsituationen (alle Altersgruppen)

Konfliktsituationen gehören zum Leben, sie sind in jeder pädagogischen Einrichtung an der Tagesordnung. Sie bieten enormes Potenzial für Lernerfahrungen und Teilhabe der Kinder. Konfliktsituationen schulen den Umgang mit Gefühlen und anderen Meinungen, die Wahrnehmung eigener und fremder Bedürfnisse, das Stoßen an Grenzen und die Konsensfindung. In Konflikten von Kindern geht es um Existenzielles, anders als wir Erwachsene es wahrnehmen. Es geht um lebenswichtige Inhalte, auch wenn es sich nur um das Spiel mit einem Auto handelt.

Ein Konflikt ist nicht immer an eine zweite Person gebunden, vielfach entstehen Konflikte mit der eigenen Person. Auch Konflikte, die mit anderen ausgetragen werden, können ihren Kern in verletzten Gefühlen, vorherigen Erfahrungen oder einem geringen Selbstwertgefühl haben. In Konfliktsituationen geht es nicht mehr nur darum, Mitbestimmung zu stärken, sondern diese zu begrenzen, eigene Bedürfnisse mit den sozialen Regeln in Einklang zu bringen. Die Fachkraft ist dabei Begleitung, die mit den Kindern Lösungsmöglichkeiten erarbeitet, ihnen hilft, ihre Bedürfnisse wahrzunehmen und diese in Einklang mit dem Gegenüber zu bringen. Im Kern geht es darum, Handlungsalternativen zu finden und zu ermöglichen, Konfliktgründe ernst zu nehmen und auf die Gefühle der Kinder einzugehen:

- Meinungen der einzelnen Parteien anhören
- Gemeinsam alternative Handlungswege betrachten
- Beide Meinungen wertfrei wahrnehmen, ohne sich auf eine Seite zu stellen
- Gefühle spiegeln
- Gemeinsame Lösung für beide Parteien finden

- Den Konflikt nicht höher gewichten als Handlungsalternativen und Lösungswege

Wo sind bereits Möglichkeiten der Teilhabe vorhanden?
- Wie gehen Sie mit Konflikten in Ihrer Einrichtung um?
- Wie gehen Sie mit Kindern um, die »immer« Opfer/Täter sind?
- Welche Möglichkeiten haben Sie, Konflikte zu thematisieren?
- Welche Rolle/Aufgaben haben Sie als Konfliktbegleiter?
- Was brauchen Kinder, die in Konflikte geraten?
- Wie können Sie die Konfliktkompetenz stärken?
- …

KONFLIKTSITUATIONEN

Methoden	Ziele	Grenzen
- Beide Parteien dürfen zu Wort kommen, ihre Motive und Gefühle äußern - …	- Sich angenommen fühlen - …	- Gewaltausübung - …

⚙ Beispiel

Kara hat Streit mit Laura. Laura spielt schon den ganzen Morgen in der Puppenecke, in der Kara ebenfalls spielen möchte. Sie stört das Spiel von Laura mehrfach, sodass Laura sauer wird und sie wegschubst. Nachdem Kara weinend zur Fachkraft kommt, holt sie beide Parteien zu sich und fragt, was vorgefallen ist. Beide Mädchen berichten. Die Fachkraft fragt, was Kara alternativ tun könnte? Laura schlägt vor, dass sie mitspielen könnte. Kara antwortet erst, dass sie allein spielen möchte. Als die Fachkraft jedoch sagt, dass Laura dort ebenfalls spiele und sie sich entscheiden könne, mitzuspielen oder woanders, stimmt Kara zu und beide spielen gemeinsam.

Das Bedürfnis in der Puppenecke allein zu spielen, kann nicht erfüllt werden. Dafür wurde ein Konsens geschlossen und Kara hatte Handlungsalternativen.

9. Thema: Mittagessen (U3/Kita)

Das Mittagessen wird (anders als das Frühstück) nur selten von der Einrichtung gestellt. Daher bietet es andere Möglichkeiten und Grenzen der Teilhabe.

Das Mittagessen wird geliefert oder von der Einrichtungsköchin gekocht, wird von Fachkräften in Schüsseln umgefüllt und für die Kinder bereitgestellt. In vielen Einrichtungen werden die Teller für die Kinder bereits gefüllt. Getränke werden ausgeschenkt und Besteck wird eingedeckt. Nicht selten essen die Kinder jedes Gericht mit einem Löffel, da das Essen vorab von der Fachkraft klein geschnitten wird.

Diese Essensausgabe durch die Fachkraft bietet den Vorteil, dass wenig Essen auf dem Tisch landet, die Kinder sich wenig mit Essen verschmieren und ein enormer Arbeitsvorteil für die Fachkräfte vorhanden ist. Diese versorgt alle Kinder und kann sich anschließend um Kinder, die noch gefüttert werden müssen, kümmern. Die Kinder bekommen eine weitere Portion auf Nachfrage.

Das Mittagessen bietet jedoch enorm viele Lernerfahrungen, die damit verwehrt bleiben. Sich selber den Teller füllen, eigenständig entscheiden, wie viel ich von welchem Essen essen möchte, wie viel ich trinken möchte und wann mein Sättigungsgefühl eintritt, das sind Dinge, die Kinder erfahren müssen, um sie zu lernen. Der Austausch darüber, wie Dinge schmecken, das Anreichen von Essen und Getränken, sowie die Frage »Möchte noch jemand die letzten Kartoffeln?« bleiben auf der Strecke, wenn Kinder nicht mit einbezogen werden. Gleichzeitig bleibt die Möglichkeit, Dinge zu probieren und neue Erfahrungen zu machen, verwehrt, wenn Essenspläne vorgegeben werden und Essensmengen aufgefüllt werden. Gerade Essen ist etwas, das auf freiwilliger Basis viel größere Freude macht. Vertrauen Sie dabei auf die Gruppendynamik und Vorbildfunktion der anderen Kinder. Wenn ein Kind Rosenkohl probiert, probieren es die anderen mit einer anderen Neugier als es passiert, wenn ein Probierzwang dahinter steckt.

Gleichzeitig ist das Mittagessen für Fachkräfte eine logistische Herausforderung, die durch die Einführung dieses teilhabenden Mittagessens erschwert werden kann. Schritt für Schritt können Fachkräfte und Kinder jedoch Änderungen einführen, ohne dass ein großes Chaos ausbricht.

Das mitbestimmte Mittagessen schult das soziale Miteinander und die alltagssprachlichen Kompetenzen ebenso wie motorische Kompetenzen. Das Einfüllen der Getränke in Becher, das Aufnehmen von Erbsen und das Auffüllen von Soße auf den Teller ist eine motorische Herausforderung, die nebenher gestärkt wird.

Wo sind bereits Möglichkeiten der Teilhabe vorhanden?
- Wie ist das gemeinsame Mittagessen in Ihrer Einrichtung organisiert?
- Wo können Kinder eigenständige Entscheidungen treffen (Essen/Trinken)?
- Wo können sich Kinder selbst bedienen?
- Worin liegt der Vorteil, Kinder mit entscheiden zu lassen?
- Wer legt den Essensplan fest?
- Was könnten erste Schritte sein, um Kindern mehr Teilhabe zu ermöglichen?
- …

MITTAGESSEN

Methoden	Ziele	Grenzen
- Die Kinder füllen sich selbst die Beilagen auf die Teller - …	- Motorisches Geschick - …	- Es wird mit dem Essen gespielt - Es wird über Gebühr gekleckert - …

10. Thema: Übermittagsbetreuung (alle Altersgruppen)

Die Übermittagsbetreuung bietet eine exemplarische Situation für das Zusammenleben in unserer Gesellschaft. Das Miteinander wird hier durch verschiedene Bedürfnisse der Kinder beeinflusst. Die Fachkraft hat dabei die Rolle des Lotsen, der durch das Geschehen führt, auf Anliegen und Bedürfnisse der Kinder hinweist und eingeht und gleichzeitig Handlungsmöglichkeiten anbietet, die den eigenen Wünschen gerecht werden können. Die Begleitung einer ruhigen und ausgeglichenen Fachkraft hilft. – Wenn Sie Ruhe ausstrahlen, werden Sie automatisch zur Beruhigung der Kinder beitragen.

Die Übermittagsbetreuung ist in jeder Einrichtung eine individuelle Herausforderung. Es muss auf verschiedene Aufgaben und Bedürfnisse der Kinder eingegangen werden und dabei ein soziales Miteinander gelingen. Kinder, die Ruhe benötigen, sowie Kinder, die sehr aktiv sind, müssen meist in einem Raum miteinander zurechtkommen und ihren Bedürfnissen nachgehen können.

In der Kita ist die Gruppe meist dadurch gespalten, dass einige Kinder schlafen und die anderen Kinder sich in ruhiger Atmosphäre beschäftigen sollen. Grund dafür ist nicht nur, die schlafenden Kinder nicht zu stören, sondern auch eine Ruhephase für die älteren Kinder herzustellen. Es geht zum einen darum, räumliche Möglichkeiten zu schaffen, aber auch darum, aktive Kinder in Phasen der Ruhe zu begleiten. Gerade aufgewühlten, aktiven Kindern fällt es schwer, sich auf ruhige Aktivitäten einzulassen. Dabei ist es mindestens genauso wichtig, zur Ruhe zu kommen wie Aktivität auszuleben. Lesen, puzzeln, basteln oder Gesellschaftsspiele dienen der Beruhigung. Der Einstieg in diese Phase findet meist mit dem Vorlesen eines Buches statt. Solche Routinen können helfen.

Für die Kinder, die nicht schlafen, ist die Zeit der Ruhe und Entschleunigung jedoch recht lang. Meist sind es 1–1½ Stunden, die sie sich ruhig beschäftigen sollen. Da jede der oben genannten Beschäftigungsmöglichkeiten Konzentration fordert, wird hier eine Konzentrationsspanne von mindestens einer Stunde erwartet. Für viele Kinder dauert dies zu lange ohne ausgleichende Bewegung zwischendurch. Daher gilt es Bewegungsmöglichkeiten zu schaffen, ohne die Ruhe in der Einrichtung zu stören.

Wo sind bereits Möglichkeiten der Teilhabe vorhanden?
- Wie sieht die Übermittagsbetreuung in Ihrer Einrichtung aus?
- Haben Kinder die Möglichkeit, ihren individuellen Bedürfnissen nachzugehen?
- Wo finden Kinder Möglichkeiten, zur Ruhe zu kommen?
- Wo finden Kinder Möglichkeiten zur Bewegung?
- Wie gehen Sie mit Lautstärke um?
- Wie viel Entscheidungsspielraum haben die Kinder in der Auswahl ihrer Aktivität (z. B.: erst Hausaufgaben, dann spielen)?
- …

ÜBERMITTAGSBETREUUNG

Methoden	Ziele	Grenzen
– Schaffen von Ruhe- und Toberäumen – …	– Bedürfnisse wahrnehmen und ihnen nachgehen können – …	– Kinder, die nur toben und nicht zur Ruhe kommen – …

11. Thema: Hausaufgabenbetreuung (Schule)

Hausaufgabenbetreuung bietet durch den verpflichtenden Auftrag Herausforderungen für die Teilhabe der Kinder. Hausaufgaben müssen gemacht werden und sollen (wenn möglich) in der festgelegten Zeit der Betreuung fertiggestellt werden. Hier besteht die besondere Aufgabe, Kindern Entscheidungsspielraum zu ermöglichen. Viele Eltern und Fachkräfte sind der Meinung, dass Partizipation hier aufhört, da Hausaufgaben gemacht werden »müssen«.

Hausaufgaben sind Pflicht, dennoch können sie Spaß machen. Sie fallen Kindern leichter, wenn sie das Gefühl haben, die Aufgaben freiwillig bearbeiten zu können. Da Freiwilligkeit hier nur im begrenzten Rahmen möglich ist, sollten Kinder wenigstens über ihre Lernumgebung und den Ablauf entscheiden können. Mitbestimmung ist wichtig, um Kindern bei dieser Pflichtaufgabe den größtmöglichen Handlungsspielraum zu ermöglichen. Im Fokus kann die Entscheidung des Kindes stehen, welche Aufgaben zuerst bearbeitet werden und bis wann die Aufgaben fertig sein können. Unter welchen Bedingungen werden die Aufgaben gemacht (Musik in den Ohren, wippend auf dem Stuhl o. ä.)? Es geht darum, dem Kind zu ermöglichen, über seine individuelle Lernumgebung entscheiden zu können.

Wo sind bereits Möglichkeiten der Teilhabe vorhanden?
- Wie verläuft die Hausaufgabenbetreuung in Ihrer Einrichtung?
- Welchen Handlungsspielraum ermöglichen Sie den Kindern bereits?
- Wie gehen Sie mit Kindern um, die ihre Hausaufgaben nicht (oder zu Hause) erledigen möchten?
- Wie gehen Sie damit um, wenn Kinder sich nicht konzentrieren können?

- Wer entscheidet, welche Hausaufgaben zuerst gemacht werden?
- ...

HAUSAUFGABENBETREUUNG		
Methoden	Ziele	Grenzen
- Die Kinder entscheiden selbst, mit welchen Hausaufgaben sie starten möchten - ...	- Freiwilligkeit und Interesse - ...	- Zeit wird mit einfach zu lösenden Aufgaben vertrödelt - ...

Beispiel für Erwachsene

Die Fachkraft muss die Dokumentation über Ira noch schreiben. Da sie sich schwer tut mit dem Formulieren und Verfassen eines flüssigen Textes, würde sie die Arbeit gern abgeben. Die Leitungskraft sagt, dass dies nicht möglich ist, dass sie jedoch die Dokumentation nicht sofort erledigen muss, sondern zwei Wochen Zeit hat. An einem ruhigeren Morgen setzt sich die Fachkraft an die Aufgabe und empfindet sie als nur noch halb so schlimm.

Die Freiwilligkeit bleibt bei Pflichtaufgaben auf der Strecke. Daher ist es notwendig, größtmöglichen Handlungsspielraum zu verspüren, der wiederum größtmögliche Freiheit erlaubt.

12. Thema: Wahl der weiterführenden Schule (Schule)

Voraussetzung für gelingende Bildung ist Freiwilligkeit und soziales Wohlbefinden. Die Wahl der weiterführenden Schule ist eine Entscheidung von Eltern und Kindern. Fachkräfte geben dazu ihre Empfehlung ab. Auch wenn Kinder die Entscheidung nicht vollkommen überblicken, wird ihr Lernerfolg davon abhängig sein, inwieweit sie sich freiwillig für die Schule entschieden haben. Meist wissen Eltern recht schnell, welche Schule für ihr Kind die beste ist. Nicht selten stimmen Kinder damit nicht überein und haben einen anderen Wunsch. Gleichzeitig ist der Kindeswunsch oft von der Wahl der besten Freundin/des besten Freundes abhängig, unabhängig vom Lernniveau der jeweiligen Schule. Die Begleitung bester Freunde kann aber auch ungeahnte Motivation sein, das eigene Lernniveau anzuheben. Der Gang morgens zur Schule kann entscheidend dafür sein, wie gern Kinder diesen auf sich nehmen (Bus, mit Freunden, allein). Das zu erreichende Schulziel (Abitur) kann Motivation sein, über sich hinauszuwachsen, bereits für angehende Fünftklässler.

Es ist wichtig, die Bedürfnisse des Kindes wahr- und ernst zu nehmen, schließlich muss es die nächsten 6–9 Jahre damit leben.

Als Fachkräfte können Sie Faktoren besprechen, welche die Entscheidung der Kinder beeinflussen. Zeigen Sie die verschiedenen Lernniveaus der Schulen auf, sodass Kinder anhand von Aufgaben und Erfahrungen einen Einblick haben. Begleitung von Teilhabeprozessen zeigt sich darin, Konsequenzen für Entscheidungen bewusst zu machen. Nur wenn Kindern diese bewusst sind, können sie sich gut entscheiden.

Wo sind bereits Möglichkeiten der Teilhabe vorhanden?
- Wie beschreiben Sie Ihren Einfluss und Ihre Begleitung beim Übergang zur weiterführenden Schule?
- Wie können Sie Erfahrungen für Kinder transparent machen?
- Wie wichtig schätzen Sie die Entscheidung der Kinder für oder gegen eine Schule ein?
- Wie können Sie zwischen Kindern und Eltern vermitteln?
- Wo ist die Grenze der Mitentscheidung und wie gehen Sie damit um?
- …

WAHL DER WEITERFÜHRENDEN SCHULE

Methoden	Ziele	Grenzen
- Kinder in ihrer Meinung ernst nehmen und Pro- und Contra- Argumente reflektieren - …	- Kinder selbstständig mitentscheiden lassen - …	- Anspruch der Schule und Leistung des Kindes gehen zu weit auseinander - …

13. Thema: Die Berufswahl (Schule)

Die Berufswahl des Jugendlichen ist maßgeblich abhängig vom Jugendlichen selbst. Sicher haben Eltern und Fachkräfte dabei die Aufgabe, beratend zu unterstützen, die finale Entscheidung sollten sie jedoch nicht treffen. Hier gilt es, Konsequenzen bewusst zu machen und wertfrei und ohne Vorurteile Möglichkeiten auszuloten.

Die Freiwilligkeit der Entscheidung für eine Ausbildung ist maßgeblich für die Motivation der Jugendlichen verantwortlich. Erwachsene Begleiter stärken die Entscheidungskompetenz. Gleichzeitig bereiten Sie beratend auf das selbstbestimmte Leben vor, das Erwachsene führen und sie begegnen Jugendlichen auf Augenhöhe.

Wo sind bereits Möglichkeiten der Teilhabe vorhanden?
- Wie begleiten Sie Jugendliche bei der Wahl Ihres Berufes?
- Wie können Sie Entscheidungskonsequenzen wertfrei bewusst machen?
- Wie gehen Sie mit Ihrer eigenen Meinung um?
- Wie begleiten Sie den Jugendlichen im Umgang mit seinen Eltern?
- …

BERUFSWAHL		
Methoden	Ziele	Grenzen
- Möglichkeiten ausloten, Erfahrungen einholen - …	- Eigenständige Entscheidung treffen – Selbstbestimmung - …	- Kein Interesse für Berufswahl und Zukunft - …

14. Thema: Kommunikation (alle Altersgruppen)

Partizipation wird über Kommunikation gelebt. Partizipation heißt, die Kinder zu fragen, was sie möchten!

Mit Sprache kann Teilhabe gestärkt, aber auch unbewusst eingegrenzt werden. Die Art, wie Fachkräfte mit den Kindern sprechen, spiegelt ihre Haltung wider. Kommunikation macht transparent, das macht Handlungen verständlich, kostet aber auch Kraft.

Kommunikation ist die Basis für Wertschätzung und Anerkennung. Gerade in Konfliktsituationen neigen Kinder wie Erwachsene dazu, die Wahrnehmung des Gegenübers einschätzen zu können und äußern viele Du-Botschaften und Kritik. Fachkräfte als sprachliches Vorbild sollten sich bewusst sein, dass das nicht zielführend ist und welche Kommunikationsregeln besonders wichtig sind.

Auf Kinder eingehen heißt, auf Augenhöhe auf sie zugehen, zuhören ohne zu urteilen und spiegeln ohne zu werten. Die Kommunikation im Team ist dabei Vorbild für die Kommunikation der Kinder: Wenn Kolleginnen untereinander eine wertschätzende Kommunikation pflegen, übernehmen die Kinder diese Art. Achten Sie also nicht nur darauf, dass sie die Regeln in der Kommunikation mit den Kindern einhalten, sondern begegnen Sie Ihren Kolleginnen ebenso auf Augenhöhe, mit einem offenen Ohr, ohne vorgefertigte Meinung und wertfrei spiegelnd.

Beispiel

»Du möchtest doch bei dem Wetter nicht rausgehen?« Oder: »Es regnet. Möchtest du trotzdem rausgehen?«

Zwei ähnliche Sätze, die im Gegenüber unterschiedliches auslösen. Der erste Satz beinhaltet eine Wertung, indem er die Meinung des Gegenübers in Frage stellt. Bei der zweiten Frage wird eine Tatsache geäußert und neutral die Meinung des Kindes erfragt.

Wo sind bereits Möglichkeiten der Teilhabe vorhanden?
- Wie beschreiben Sie die Kommunikation in Ihrer Einrichtung?
- Welche Regeln der Kommunikation sind Ihnen besonders wichtig?
- Wie setzen Sie diese um?
- Wie gehen Sie auf die Wahrnehmung der Kinder ein?
- Wie äußern Sie eine gegenteilige Meinung?
- Wie verpacken Sie Aufforderungen?
- Wie transparent argumentieren Sie?
- …

KOMMUNIKATION		
Methoden	Ziele	Grenzen
– Grenzen, Gründe erklären und transparent machen – ...	– Verständnis – ...	– Kinder mit zu kurzer Aufmerksamkeitsspanne, manche Kinder brauchen permanent kurze Ansagen – ...

Beispiel

»*Ich habe das Gefühl, dass...*«
»*Bei mir kam das so an, als ob...*«
»*Wie meinst du das?*«

15. Thema: Zusammenarbeit mit den Eltern (alle Altersgruppen)

Für die qualitativ hochwertige pädagogische Arbeit ist die Zusammenarbeit mit den Eltern unabdingbar. Eltern sind Ratgeber, die das Kind aus einer anderen Perspektive sehen. Gleichzeitig können sie Ideengeber sein und die Arbeit innerhalb der Einrichtung, auch die individuelle Arbeit mit dem Kind bereichern. Wie die Arbeit mit den Kindern funktioniert auch Elternarbeit über Teilhabe und Mitbestimmung besonders gut. Sie als Fachkraft legen den Rahmen dafür fest. Gleichzeitig entscheiden Sie, wie viel Rat Sie von den Eltern annehmen möchten.

Wie die Kinder müssen viele Eltern an Teilhabe erst herangeführt werden, da sie den neuen Entscheidungsspielraum nicht überblicken können. Partizipation der Eltern einzuführen, ist eine ähnlich sensible Aufgabe, wie die Teilhabe der Kinder zu ermöglichen. Teilhabe der Eltern verlangt eine professionelle und selbstsichere Haltung von Fachkräften. Ist diese gegeben, kann die Zusammenarbeit auf Augenhöhe für Eltern, Kinder und Fachkräfte nur gewinnbringend sein.

Wo sind bereits Möglichkeiten der Teilhabe vorhanden?
- Wie beschreiben Sie die Zusammenarbeit mit den Eltern in Ihrer Einrichtung?

- Wo können sich Eltern einbringen?
- Wie nutzen Eltern ihre Möglichkeiten zur Teilhabe?
- Wo ziehen Sie Grenzen?
- Wie begründen Sie Grenzen (Transparenz)?
- …

ZUSAMMENARBEIT MIT DEN ELTERN

Methoden	Ziele	Grenzen
- Mitgestaltung des Sommerfestes	- Sich willkommen fühlen	- Grenzüberschreitende Eltern
- …	- …	- …

16. Thema: Partizipation im Team

Teilhabe im Team beinhaltet, dass Entscheidungen besprochen werden und jeder seine Meinung dazu sagen darf. Das schafft Transparenz und sorgt für ein Arbeiten auf Augenhöhe, für eine ebenbürtige Zusammenarbeit von Leitung und Kolleginnen.

Wenn Partizipation in Ihrem Team bisher noch nicht gegeben ist, verlangt es eine langsame Einführung und die Öffnung des Handlungsspielraums Schritt für Schritt. Gerade Fachkräfte, die bisher unter einer fest strukturierenden Leitungskraft gearbeitet haben, können verunsichert sein von neuen Entscheidungsspielräumen. Es verlangt Empathie und Geduld von der Leitungskraft und den anderen Kolleginnen.

Partizipation im Team ist gewinnbringend für alle. Meinungen werden nicht mehr vorgegeben, Entscheidungen nicht mehr ohne Rücksprache getroffen, die gemeinschaftliche Arbeit steht im Fokus. Enge Zusammenarbeit, Absprachen und Rückmeldungen dienen der Transparenz und schaffen Verständnis. Entscheidungen, die früher von der Leitungskraft getroffen wurden, werden nun gemeinschaftlich bestimmt. Die Meinung der Fachkräfte, welche die Konsequenzen der Entscheidung tragen müssen, kommt in der teilhabenden Arbeit zum Tragen. So können basisnahe Pro und Kontras mit in die Entscheidung einfließen.

Wo sind bereits Möglichkeiten der Teilhabe vorhanden?
- Wie beschreiben Sie die Zusammenarbeit in Ihrem Team?
- Wo sind Entscheidungen, die Sie gemeinsam treffen können?
- Wie gehen Sie damit um, wenn Entscheidungen nicht gemeinschaftlich getroffen werden können?
- Was brauchen Sie um Entscheidungen überblicken zu können?
- Wie gehen Sie mit Entscheidungen um, bei denen es keinen Entscheidungsspielraum gibt?
- …

PARTIZIPATION IM TEAM		
Methoden	Ziele	Grenzen
- Entscheidungen werden gemeinschaftlich besprochen und transparent gemacht - …	- Stärkung der eigenen Meinung - …	- Entscheidungen werden nicht zielführend diskutiert - …

Beispiel

Die Leitungskraft entscheidet, dass es mit den neuen Abholzeiten sinnvoller ist, um 12:30 Uhr statt wie bisher um 12:00 Uhr Mittag zu essen. Auf diese Weise ist weniger Trubel, da Abholkinder bereits weg sind, bevor das Essen startet. Nach einer Probewoche merken die Gruppenkräfte an, dass die Veränderung Auswirkungen auf den weiteren Tagesverlauf hat, die nicht glücklich sind: Die Kinder sind bereits um 12:00 Uhr sehr hungrig, die Mittagsruhe verschiebt sich nach hinten, sodass die Essenssituation unruhig ist und die Kinder zu lange in den Nachmittag hinein schlafen. Die Leitung versteht die Gründe und nimmt die Entscheidung zurück.

Als Leitung genießen Sie den Vorteil, von den Meinungen des Teams zu profitieren, Entscheidungen nicht allein treffen zu müssen und eine neue Motivation für Veränderungen im Team zu verspüren.

Zwischenfazit

Nach dem dritten Arbeitsteil haben Sie bereits einen weiten Weg zur Partizipation zurückgelegt. Sie haben Alltagssituationen auf Möglichkeiten der Partizipation untersucht und werden viele neue Methoden gefunden haben, die Kinder in die tägliche Arbeit mit einzubinden. Meist macht sich nach dieser Einheit eine erste Veränderung im Blick auf die eigene Arbeit und die Haltung den Kindern gegenüber bemerkbar. Schnell werden Sie merken, dass Sie automatisch neue Möglichkeiten der Teilhabe im weiteren Tagesverlauf erkennen, ohne die Situation so gezielt zu untersuchen wie in dieser Einheit.

Halten Sie Ihre Kolleginnen auch zwischen den weiteren Einheiten auf dem Laufenden und erzählen Sie, welche Ressourcen Sie gefunden haben. So profitieren Sie von der Vielfalt und Sie werden schnell merken, wie viele Möglichkeiten sich ohne große Veränderung finden lassen.

Wiederholen Sie die Einheit mit verschiedenen Situationen. Achten Sie jedoch darauf, dass Sie eher einzelne Situationen in der Tiefe betrachten, als viele Situationen oberflächlich. Gehen Sie nach drei bis vier Situationen in die vierte Einheit über, um gezielt weiterzuarbeiten. Nachdem Sie in der vierten Einheit Ziele zur Umsetzung gesteckt haben, können Sie nach ihrem Erreichen weitere Alltagssituationen untersuchen.

3. Arbeitsteil – Erste Schritte und Evaluation

Warum Evaluation?

Das Erreichen eines Ziels kann nur gelingen, wenn es überprüfbar ist, also wenn eine Veränderung nachweisbar ist. Sie haben in der ersten Einheit ein gemeinschaftliches Ziel festgelegt. Sie haben sich mit Möglichkeiten, Methoden und Grenzen beschäftigt. Sie haben sich und Ihre Arbeit reflektiert und erste Veränderungen angestoßen. Sie merken, dass sich Ihre Haltung den Kindern, Eltern und Kolleginnen gegenüber verändert hat.

Betrachten Sie nun, wie nah Sie Ihrem gesetzten Ziel gekommen sind. Es war messbar und terminiert, sodass Sie sein Erreichen heute evaluieren können. Sollten Sie es noch nicht erreicht haben, bedeutet das kein Scheitern – betrachten Sie vielmehr, was Sie auf dem Weg dorthin aufgehalten hat, wo noch Stolpersteine sind und vor allem, wie Sie diese aus dem Weg räumen können.

Sollten Sie Ihr Ziel bereits erreicht haben, gratuliere ich Ihnen und empfehle Ihnen, sich gegenseitig auf die Schulter zu klopfen. Evaluation soll keine Überprüfung im negativen Sinne sein, sondern vielmehr eine Reflexion mit Blick auf Potenziale. Die Evaluationsbeauftragte ist diejenige, die im turbulenten Alltag Veränderungen im Blick hat, Reflexionstreffen festlegt und moderiert. Die den Blick auf Potenziale und Lösungswege lenkt. Die das Thema nicht aus dem Auge verliert.

Viele Veränderungen werden anfänglich sehr motiviert umgesetzt und verlieren im Alltagstrott an Gewicht. Schnell gerät man unbewusst in alte Verhaltensmuster. Durch das Festlegen einer Evaluationsbeauftragten und das Terminieren von Evaluationstreffen bleiben Veränderungen und Ziele im Alltag präsent.

Wenn Sie in Ihrem Team eine zuständige Person bestimmen, hat dies zusätzlich den Vorteil, dass die Kollegin weiß, warum manche

Veränderungen nicht so umsetzbar sind wie geplant und mit einem verständnisvollen Blick auf Ihre Mühe und Arbeit schaut.

Voraussetzung für das Gelingen ist es, die Beauftragte in ihrem Amt zu akzeptieren und Nachfragen nicht als Kritik zu erachten. Sie sollten daher eine kurze Erwartungsabklärung durchführen, die allen Parteien einen transparenten Handlungsspielraum ermöglicht.

4. Einheit

Vorbereitung

Atmosphäre
Moderatorin

⚑ Ziel

In dieser Einheit geht es darum, die Ergebnisse der dritten Einheit auf nächste Schritte der Umsetzung zu strukturieren und eine Beauftragte zu wählen, welche die Evaluation der Ziele anleitet.

🕒 Dauer

Ca. 45 Minuten

❗ Kleiner Tipp

Wählen Sie nicht automatisch die Leitungskraft als Evaluationsbeauftragte. Wenn eine Fachkraft die Evaluation anleitet, wirkt dies nicht nur erfrischend für die Teamarbeit, sondern ist gelebte Teilhabe.

Durchführung

1. Thema: Eingangsrunde

Da Sie bereits einige Veränderungen auf dem Weg zur Partizipation hinter sich haben, lohnt es sich, mit einer Eingangsrunde zu starten: Wo findet Partizipation heute statt? Wo bemerken Sie Veränderung? Wie nehmen Sie diese wahr? Wie nehmen Sie die Kinder/Eltern wahr? Was sind noch Stolpersteine? Was war Ihr größter Erfolg?

🕒 Dauer

Ca. 10 Minuten

> 1. Thema: Eingangsrunde
> *Thema*: Wo stehe ich? Wo stehen wir?
> *Methode*: Austausch im Team
> *Dauer*: ca. 10 Minuten.

2. Thema: Wahl einer Evaluationsbeauftragten

Die Evaluationsbeauftragte kann in den weiteren Veranstaltungen gleichzeitig als Moderatorin fungieren. Legen Sie vorab die Aufgaben der Beauftragten fest und fixieren Sie schriftlich, was Sie voneinander erwarten: Aufgaben der Evaluationsbeauftragten/Aufgaben des Teams.

 Vorbereitung

Legen Sie die Übersicht zu Aufgaben und Wahl der Evaluationsbeauftragten zurecht.

🕐 Dauer

Ca. 10 Minuten

> **2. Thema: Wahl einer Evaluationsbeauftragten**
> *Thema:* Wahl und Erwartungen.
> *Methode:* Austausch im Team.
> *Dauer:* 10 Minuten.
> *Material:* Anhang 9/Download

3. Thema: Welche Schritte wollen wir zuerst umsetzen?

In dieser Einheit geht es darum, die Alltagssituationen der dritten Einheit auf nächste Schritte der Umsetzung hin zu betrachten. Gleichzeitig soll ein Zeitrahmen festgelegt werden, in dem diese Umsetzung reflektiert wird.

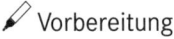 Vorbereitung

Legen Sie die Anlage zur Umsetzung der nächsten Schritte bereit.

 Thema

Partizipation ist nichts, was durch das Erreichen eines einmal gesetzten Zieles fertig ist. Viel wichtiger ist es, dass Teilhabe Schritt für Schritt weiter in den Alltag integriert wird. Nachdem Sie viele Alltagssituationen betrachtet haben, sollten Sie sich auf zwei bis drei festlegen, welche Sie gezielt umsetzen möchten.

Betrachten Sie die jeweilige Situation im Hinblick darauf, welche Veränderungen bereits stattgefunden haben und welche Sie als nächste anstoßen möchten.

Dies kann sowohl auf Einrichtungsebene als auch auf Gruppenebene stattfinden. Es ist nicht wichtig, dass alle Gruppen die gleichen Veränderungen vorantreiben.

Legen Sie im nächsten Schritt fest, bis wann Sie die Veränderung einführen möchten und wann Sie sich zu einem Evaluationstreffen zusammensetzen möchten.

4. Thema: Persönliche nächste Schritte
Thema: Was möchte ich bis zum nächsten Treffen erreichen?
Methode: Einzelarbeit
Dauer: 5–10 Minuten
Material: Anhang 11/Download

Abschlussblitzlicht
Thema: Abschluss der Einheit
Methode: Blitzlicht
Dauer: ca. 10 Minuten

! Kleiner Tipp

Nehmen Sie sich lieber kleine Veränderungen vor, die Sie einfach umsetzen können. Betrachten Sie den Arbeitsaufwand und die Organisation, welche die Veränderung mit sich bringt, und erarbeiten Sie einen Plan. Jede Umstellung kann nur Schritt für Schritt erfolgen, da sowohl Sie als auch die Kinder herangeführt werden müssen.

Hilfreich ist es außerdem, die ersten Evaluationstreffen recht zeitnah stattfinden zu lassen (max. vier Wochen später). Wenn Sie kleine Schritte zeitnah überprüfen, gewöhnen Sie sich in Ihrer Arbeit an die stetige Weiterentwicklung. Mit diesem Gewöhnungseffekt gelingt es Ihnen, Ihre Arbeit später auch ohne zeitnahe Treffen stetig zu überprüfen und voranzutreiben.

Beispiel

Sie möchten die Kinder mehr in die Gestaltung des Mittagessens einbinden. Starten Sie damit, dass Sie gemeinsam einen Essensplan erstellen. Oder stellen Sie zum Essen Kannen auf den Tisch, sodass sich die Kinder selbst Getränke nehmen können.

🚹 Einzelarbeit

Diese Einheit ist als Einzelperson schwierig zu bearbeiten. Dennoch kann die Eingangsrunde als schriftliche Reflexionsrunde bearbeitet werden. Hängen Sie die Fragen auf und beantworten Sie sie im Team (jeder zu seiner Zeit). Die Wahl der Evaluationsbeauftragten und die Festlegung des zeitlichen Rahmens sollte auf alle Fälle im Team gemeinsam erfolgen.

🕒 Dauer

Ca. 20–30 Minuten

> **3. Thema: Nächste Schritte**
> *Thema:* Zwei bis drei Alltagssituationen und erste Schritte der Partizipation festlegen.
> *Methode:* Austausch im Team
> *Dauer:* 20–30 Minuten
> *Material:* Anlage 10/Download

4. Thema: Welches Ziel verfolgt jede Fachkraft für sich?

✏️ Vorbereitung

Legen Sie das Arbeitsblatt zu persönlichen nächsten Schritten bereit. Vervielfältigen Sie es für alle Fachkräfte.

📄 Thema

Neben den nächsten Schritten, die Sie als Team umsetzen, sollten Sie sich mit Ihren persönlichen Zielen beschäftigen. Welche Schritte möchten Sie in der Haltung den Kindern gegenüber als nächstes umsetzen? Achten Sie darauf, dass Sie ein smartes Ziel festlegen, welches bis zum nächsten Evaluationstreffen erreichbar und messbar ist.

❗ Kleiner Tipp

Auch hier gilt, nehmen Sie sich lieber kleine Veränderungen vor und genießen Sie kleine Erfolge.

🕒 Dauer

Ca. 5–10 Minuten

Bevor Sie die Einheit beenden

Wie jede Einheit wird auch diese mit einer kurzen Abschlussrunde beendet.

Fazit

Mit dem Ende dieses Arbeitsteils wird die Weiterarbeit nun in Ihre Hände gelegt. Sie haben sich mit dem Zusammenhang von Partizipation und Bildung auseinandergesetzt, haben sich mit exemplarischen Möglichkeiten der Teilhabe in Ihrem Alltag beschäftigt und erste Veränderungen bereits angestoßen. Für die Zukunft haben Sie weitere Ziele und die ersten Schritte dorthin festgehalten.

Fertig sein werden Sie nicht, denn Partizipation hört nicht auf. Es wird stetig neue Situationen geben, die es zu reflektieren lohnt. Die Individualität der Kinder fordert eine kontinuierliche Anpassung und Weiterentwicklung der Teilhabebedingungen und die Weiterentwicklung Ihrer Haltung den Kindern, Eltern und Kolleginnen gegenüber.

Partizipation voranzutreiben, stetig zu reflektieren und neue Anregungen zu finden, ist die Basis für die erfolgreiche und zukunftsträchtige pädagogische Arbeit in Betreuungseinrichtungen.

Ziel, Umsetzung, Überprüfung

Nutzen Sie weitere Einheiten, um die gesteckten Ziele in regelmäßigen Abständen zu überprüfen. Wenn Situationen weiterentwickelt sind, nehmen Sie sich neue vor und besprechen Sie neue erste Schritte.

Sollten Ihnen Situationen auffallen, die Sie mit Ihrem Team auf Möglichkeiten der Teilhabe reflektieren möchten, starten Sie neben der Evaluation noch eine weitere Einheit, indem Sie ein Plakat mit dem Thema in den Teamraum hängen und Ihre Kolleginnen nach Anregungen fragen (siehe Einheit 3).

! Kleiner Tipp

Partizipation setzt sich nicht von heute auf morgen um. Je mehr Sie jedoch täglich oder wöchentlich daran weiterarbeiten, desto präsenter ist sie in Ihrer täglichen Arbeit. Regelmäßige Reflexion führt zum Gewöhnungseffekt, der Sie stetig in Ihrer Haltung und teilhabenden Arbeit vorantreibt.

2. Fachteil – Ein paar Tipps zum Schluss

Warum kleine Schritte zum Erfolg führen

Mit der Partizipation ist es wie mit jeder Veränderung im Leben. Zu große Schritte führen nicht zu großen Erfolgen, sondern erhöhen die Wahrscheinlichkeit, dass man in alte Muster zurückfällt.

Um Kinder teilhaben zu lassen, müssen sie langsam an das Treffen eigener Entscheidungen herangeführt werden.

⚙ Beispiel

Sie sind neu im Job. Kommen gerade von der Schule, haben zwar schon einige Praktika und ein Anerkennungsjahr gemacht und fühlen sich sicher, dennoch ist es ihre erste feste Stelle. Gleich am ersten Tag kommt ihre Gruppenleitung auf Sie zu und fragt Sie, was Sie heute gern mit den Kindern machen möchten. Sie kennen die Einrichtung nicht, sie kennen den Tagesablauf noch nicht und hatten gehofft, den Alltag erst einmal kennenzulernen. Sie haben noch keinen Einblick in die Arbeitsabläufe, die Materialien und die Kinder, mit denen Sie arbeiten. In solchen Momenten können Sie kaum frei entscheiden, da Ihnen der Überblick und Einblick in Möglichkeiten und Folgen fehlt.

Wenn Kinder in der Einrichtung zum ersten Mal entscheiden sollen, stelle ich es mir ähnlich vor. Zwar kennen sie die Einrichtung, die Kinder und die Materialien, dennoch mussten sie bisher keine eigenständigen Entscheidungen treffen. Es mangelt ihnen zum einen daran, überhaupt Möglichkeiten zu überblicken, und zum anderen daran, diese mit dem Hier und Jetzt in Verbindung zu bringen. Am oben genannten Beispiel: Sie kennen den Tagesablauf und Gewohnheiten noch nicht und sollen entscheiden, wie Sie den Morgen verbringen möchten. Einfacher wäre es sicherlich, würde Ihre Kollegin Sie fragen, ob Sie heute Morgen mit den Kindern basteln möchten oder lieber in den Toberaum gehen wollen. Das würde Ihren Entscheidungsraum sinnvoll eingrenzen, und Sie könnten nach und nach den Tagesablauf kennenlernen. Sicherlich würden Sie bereits einige Tage später den Morgen eigenständig bestimmen, da Sie nun Einblick in das Feld haben, in dem Sie sich bewegen.

⚙ Beispiel

Die Fachkraft fragt Lisa, welches Lied heute im Morgenkreis gesungen werden soll. Lisa ist sich unsicher. Schweigend, auf die Erde schauend, sitzt sie zwischen den anderen Kindern. Da sie noch nie vor der gesamten Kindergruppe gesprochen hat, fällt ihr nun kein Lied ein.

Hier zeigt sich, dass Lisa noch zu unsicher ist, die eigentlich einfache Entscheidung, welches Lied gesungen werden soll, zu treffen. Wenn Kinder erstmalig allein entscheiden sollen oder zu einer Entscheidung aufgefordert werden, führt das häufig zu Unsicherheit. Besser wäre es, wenn die Fachkraft fragt, wer heute ein Lied aussuchen möchte. Sollte sich Lisa nicht melden, könnte sie sie fragen, ob sie heute entscheiden möchte. Oder sie könnte Lisa eine Vorgabe an Liedern zur Auswahl stellen. Auf diese Weise wird Lisa mit kleinen Schritten an die Entscheidung herangeführt. Die Auswahl, aus der Lisa sich entscheiden soll, ist begrenzt, sodass es leichter ist, den Entscheidungsspielraum zu überblicken.

⚙ Beispiel

Die Fachkraft möchte mit den Kindern ab heute im Morgenkreis besprechen, wie sie den Tag gestalten. Nachdem den Kindern anfänglich nichts einfällt, schlägt sie selbst vor, am Morgen rauszugehen. Die eine Hälfte der Kinder bejubelt den Vorschlag, die andere Hälfte ist dagegen. Es wird abgestimmt und jeder darf seinen Finger für die Aktivität heben, mit der er gern den Morgen verbringen möchte.

Der Entscheidungsspielraum wird hier wie im ersten Beispiel stark eingegrenzt. Da die Kinder anfänglich keine Vorschläge machten, ist davon auszugehen, dass die Kinder keine Vorstellung davon haben, wie sie ihren Morgen gestalten könnten. Als Fachkraft sollten sie dies nicht negativ auffassen, Kinder sind häufig daran gewöhnt, keine Entscheidungen treffen zu dürfen. Wird ihre Meinung nun gefordert, ist es ein erster Schritt zu reflektieren, wie sie denn normalerweise den Morgen verbringen und welche Handlungsmöglichkeiten es gibt. Wenn Kinder damit beginnen, sich im Rahmen der begrenzten Auswahl zwischen Rausgehen und Drinnenspielen zu entscheiden, kann kontinuierlich der Entscheidungsspielraum erweitert werden.

Beispiel

Einen Tage später fragt die Fachkraft wieder, was die Kinder am Morgen machen möchten. Viele Kinder äußern wieder den Wunsch, nach draußen zu gehen. Da die Einrichtung über kein Außengelände verfügt, schließt die Fachkraft die Frage an, wo die Kinder draußen hingehen möchten. Sie gibt verschiedene Spielplätze und einen Waldspaziergang vor. Die Kinder entscheiden sich für den Wald.

Hier zeigt sich, dass der Entscheidungsspielraum schnell differenziert werden kann. Die Kinder können die Grobentscheidung des vorherigen Beispiels mittlerweile eigenständig treffen. An den nächsten Entscheidungsschritt müssen sie wieder mit Vorschlägen herangeführt werden. Durch das langsame Heranführen werden die Spielräume zunehmend vielfältiger.

Teilhabe neu einzuführen, erfordert anfänglich ein sorgsames Herantasten. Dies gilt besonders, wenn bisher noch keine Teilhabe gelebt wird, wie auch bei den jüngsten Kindern, die es noch nicht gewohnt sind, in Entscheidungen mit einbezogen zu werden.

Entscheidungen zu treffen, bedeutet dabei immer auch, sich auf unsicheres Terrain zu begeben. Es bedeutet, seine Meinung zu äußern, ohne überblicken zu können, wie der Rest der Gruppe die Entscheidung wahrnimmt. Es bedeutet, seine Wünsche und Bedürfnisse zu äußern und sich zu öffnen. Dies sind große Herausforderungen – für Kinder, aber auch ebenso für Erwachsene.

Teilhabe – eine Herausforderung für klein und groß

Kinder teilhaben zu lassen, bedeutet nicht nur ein neues Wagnis für die Kinder, es bedeutet auch Freiheit zu schenken und Leitung abzugeben. Für Fachkräfte ist diese Aufgabe ebenso neu wie für die Kinder. Daher ist das langsame Herantasten an die neue Art der gemeinsamen Arbeit auch ein Gewöhnungsprozess für Fachkräfte. Strukturierten und leiteten Sie den Tag bisher eigenständig, soll dieser fortan mit den Kindern gemeinschaftlich geplant werden.

Dies verlangt zum einen Flexibilität und zum anderen eine neue Haltung. Sie präsentieren sich den Kindern nicht mehr als allwissende, vorbildliche Erwachsene, sondern betrachten sich fortan mit den Kindern gemeinsam als Entdecker der Welt.

Beispiel

Nachdem viele Kinder der Gruppe am gestrigen Tag gemeinsam eine große Burg gebaut haben, geht die Fachkraft davon aus, dass die Kinder sicherlich heute weiter daran spielen möchten. Sie hat sich überlegt, für die anderen Kinder ein Bastelangebot bereitzustellen. Als die Gruppe jedoch im Morgenkreis bespricht, was sie heute machen möchte, melden sich drei Viertel der Gruppe dafür, den Morgen in der Turnhalle zu verbringen.

Neben der Flexibilität in der Arbeit mit den Kindern verlangt Teilhabe auch Flexibilität in der Arbeit im Team. So balancieren organisatorische Aufgaben und Gruppenverteilungen immer zwischen den Bedürfnissen der Gruppe und dem organisatorischen Freiraum der Fachkräfte. Es stoßen zwangsläufig Vorschläge der Kinder an ihre Grenzen, wenn zu wenig Personal vorhanden ist, um dem Vorschlag nachzugehen.

Die Haltung des Entdeckers der Welt erfordert ein Miteinander auf Augenhöhe. Plötzlich bestimmen die Kinder mit, was in der Einrichtung tagtäglich passiert. Das verlangt von der Fachkraft, die eigene Stimme nicht über die der Kinder zu stellen. Als eine Art Moderator führt sie durch den Morgenkreis und das Geschehen in der Gruppe. Natürlich greift sie bei Grenzüberschreitungen ein, begegnet jedoch allen Parteien mit Wertschätzung und dem größtmöglichen Grad an Verständnis.

Obwohl es so einfach und verständlich klingt, ist es dennoch eine Umgewöhnung, einen Schritt von seiner eigentlichen Arbeitsweise zurückzutreten und die Kinder mit einzubeziehen. Nicht zuletzt deswegen, weil es gerade in der Einführungsphase wesentlich mehr Zeit verlangt.

»Wenn ich heute Entscheidungen im Alltag treffe, gehe ich gedanklich immer einen Schritt zurück, hole einmal Luft und nehme mir einen Moment Zeit zu überlegen, ob ich die Kinder in die Entscheidung mit einbeziehen kann.«

Es zeigt sich, dass Partizipation Übung verlangt. Anfänglich braucht es ein Umdenken, doch wird es zum einen sehr schnell in den gewohnten Gang der täglichen Arbeit einfließen und zum anderen zunehmend selbstverständlicher. Je selbstverständlicher es wiederum für Sie als Fachkraft ist, desto mehr binden Sie die Kinder ein. Je mehr Sie die Kinder einbinden, desto vielfältiger lernen Kinder den Alltag eigenständig mit zu gestalten. Was wiederum für Sie als Fachkraft eine enorme Arbeitserleichterung bedeuten kann.

»Heute Morgen habe ich mit den Kindern gefrühstückt. Nachdem ich so viele Brote geschmiert habe und einige der Kinder immer noch hungrig weiter nach Brot fragten, ordnete ich an, dass sich die Kinder selber ihre Brote schmieren sollen. Nicht nur, dass es den Kindern gelang, sich die Brote zu schmieren, sie hatten auch noch großen Spaß daran und haben lange und ausgiebig gemütlich gefrühstückt. Und für mich war es eine Arbeitserleichterung.«

Nutzen Sie die Teilhabe der Kinder als Erleichterung: Bereiten Sie mit den Kindern nicht nur den Tag vor, sondern bereiten Sie auch gemeinschaftlich die Umgebung vor. Wenn Kinder in die Gestaltung des Tages mit einbezogen werden, können sie ebenso in die Vorbereitung mit einbezogen werden. Das gemeinschaftliche Vorbereiten eines Raumes vor dem Start eines Projekts oder einer Aktion ist viel lebensnäher als die vorbereitete Umgebung durch die Fachkraft und hält so verschiedenste Lernerfahrungen bereit.

Beispiel

Die Kinder möchten heute gern mit Wasserfarben malen. Die Fachkraft bespricht mit den Kindern, was sie dazu alles benötigen. Die Kin-

der erklären, dass sie Pinsel, Farben und Blätter brauchen. Die Fachkraft *gibt die Anregung, dass Wasserfarben stark schmieren können und die Kinder für gewöhnlich am gleichen Tisch Mittag essen. Die Kinder überlegen gemeinsam, wie sie den Tisch schützen können und zerschneiden einen Müllsack. Außerdem überlegen sie, wie sie ihre Kleidung schützen können und holen die Malkittel aus dem Schrank.*

Früher wäre es üblich gewesen, dass die Fachkraft die Umgebung der Kinder vorbereitet, sodass die Kinder »nur noch« malen müssen. Heute zeigt sich, dass die Vorbereitung der Umgebung viel anregender und wichtiger sein kann als die reine Malarbeit. Viel wichtiger für die umfangreiche Lernerfahrung ist das eigenständige Nachdenken darüber, welche Folgen Aktionen haben können und welche Bedingungen erfüllt sein müssen.

Niemand stößt gern auf Ablehnung – mit Ablehnung umgehen

Kinder, die lernen sich einzubringen, lernen mit der Meinungsfreiheit ihres Gegenübers umzugehen. Oft werden neue Vorschläge aus Angst vor Ablehnung nicht eingebracht. Da niemand gern auf Ablehnung stößt, schützen sich die Menschen davor, indem sie Ideen den vorgegebenen Meinungen anpassen. Doch gerade diese Sorge hindert Menschen an freien und kritischen Ideen, welche so bedeutsam sind, um den eigenen Wahrnehmungshorizont zu erweitern.

Beispiel

Eine Fachkraft möchte dieses Jahr das Weihnachtsfest anders gestalten als die letzten Jahre. Sie möchte, dass dieses Jahr nicht der Nikolaus zu ihnen kommt, sondern das Thema »anderen etwas schenken« im Zentrum steht. Sie möchte Geschenke für bedürftige Kinder sammeln. Das Team tauscht sich über den Vorschlag aus und beschließt, alles beim Alten zu lassen. Nach einiger Zeit kommen jedoch immer mehr Kolleginnen zu ihr und bestätigen ihr, dass sie die Idee eigentlich doch ganz gut fänden und sich die Umsetzung für das nächste Jahr wünschen würden.

Das Team kann sich anfänglich nicht vorstellen, etwas an der alten Gewohnheit zu verändern. Je länger es sich jedoch mit dem Gedanken befasst, desto mehr erweitert sich der Wahrnehmungshorizont.

Da niemand gern auf Ablehnung stößt, ist es für den, der einen neuen Vorschlag macht, immer ein Wagnis, ein Öffnen der eigene Persönlichkeit, der eigenen Bedürfnisse und Vorstellungen. Umso schwerer ist es, mit Abweisung umzugehen.

Bei Erwachsenen ist Ablehnung (auch) oft darin begründet, dass Annahme eine Veränderung der bekannten Strukturen bedeuten würde. Neue Ideen können Angst machen. Neue Ideen können ungeahnte Folgen haben. Daher werden Vorschläge zu Beginn abgelehnt und erst nach näherer Betrachtung angenommen.

Bei Kindern hingegen ist diese Sorge unbegründet, Kinder lassen sich häufig durch Sympathie, Freundschaften und Neugierde lenken.

Für Fachkräfte ist es wichtig, Kinder zum einen darin zu stärken, sich frei von Freundschaften und der Angst vor Disharmonie entscheiden zu können, und zum anderen mit der Ablehnung von Ideen gut und positiv umgehen zu können.

Beispiel

Hugo ist geknickt, als die Kinder seinen Vorschlag, ins Museum zu gehen, ablehnen. Die Fachkraft kommt wenig später zu ihm und fragt ihn, was los sei. Er erklärt ihr, dass er sich über die Ablehnung geärgert hat, weil er es im Museum so schön fände. Die Fachkraft tröstet ihn und sagt ihm, dass es viel besser wäre, wenn die anderen Kinder es direkt sagen, als wenn sie dann im Museum keine Lust haben. Und dass er doch auch nicht immer Lust auf die Ideen der anderen Kinder habe. Dem stimmt Hugo zu.

Im Umkehrschluss heißt das: Zustimmung ist immer dann besonders erfolgreich und zufriedenstellend, wenn das Gegenüber authentisch ist. Authentisch ist es dann, wenn neben Zustimmung auch Ablehnung möglich ist.

Wenn Kinder bereits lernen, Ablehnung aus verschiedenen Blickwinkeln zu betrachten, erfahren sie von klein auf, dass diese nichts mit ihrer Person zu tun hat, sondern mit den verschiedenen Interessen verschiedener Menschen. Zukünftig werden sie mutiger, neue Vorschläge mit einzubringen, ohne Sorge vor Kritik.

! Kleiner Tipp

Erklären Sie den Kindern: Ablehnung ist eine Kritik am Vorschlag, nicht an der Persönlichkeit, die den Vorschlag macht!

Warum müssen Kinder lernen, Entscheidungen zu überblicken?

Entscheidungen zu treffen ist leicht, wenn die Konsequenzen absehbar sind. Um eine Entscheidung zu treffen, muss ein Bezug zur eigenen Person hergestellt werden. Entscheidungen zu treffen, macht nur dann Spaß, wenn sie eine Auswirkung auf das eigene Leben haben, die ich im besten Fall überblicken kann.

Beispiel

Lukas soll mitentscheiden, wohin die nächste Kita-Reise gehen soll. Zur Auswahl stehen Deutschland, Holland oder Österreich. Da Lukas bisher noch nicht viel gereist ist, hat er keine Ahnung, welches Ziel ihn anspricht. Die Fachkraft erklärt ihm, dass sie in Österreich wandern und in Hütten auf den Bergen schlafen würden. In Holland würden sie ans Meer fahren, eine Schiffstour machen und Meerestiere suchen. In Deutschland würden sie auf einen Bauernhof fahren und Kühe melken und Hühner sehen.

Nach den Ausführungen der Fachkraft hat Lukas einen Einblick in die Entscheidungsmöglichkeiten. Er weiß nun, was ihn jeweils erwartet und kann die Entscheidung von seinen Bedürfnissen und Vorstellungen abhängig machen.

Beispiel

Erwachsene, die ihren Job wechseln möchten, rahmen ihren Entscheidungsraum ein, z. B. Tätigkeitsfeld, Flexibilität am Arbeitsort, Vergütung, Rolle im Unternehmen, Art des Unternehmens, …

Um als Erwachsener Entscheidungen in ihrer Vielseitigkeit treffen zu können, stecken sie sich einen Handlungsrahmen.

Kindern gelingt es noch nicht eigenständig, diesen Rahmen zu stecken, da ihnen noch Zugang zu eigenen Bedürfnissen und Kompetenzen und die Vorstellungskraft für noch nicht Dagewesenes fehlt. Daher müssen Kinder lernen, Entscheidungen zu überblicken, um diese fällen zu können.

Wie lernen Kinder, Entscheidungen zu überblicken?

Kinder brauchen Anleitung zur Entscheidungsfindung. Erwachsene verfügen über ein weites Erfahrungsspektrum und können viele Situationen erahnen. Und trotzdem ist es so, dass auch Erwachsene zur Entscheidungsfindung einen Ratgeber aufsuchen, der mit ihnen mögliche Konsequenzen betrachtet. Nichts anderes brauchen Kinder. Sie brauchen Menschen, die mit ihnen Handlungsoptionen betrachten und Folgen ausloten. Die mit ihnen betrachten, welche Auswirkungen Entscheidungen für sie haben.

Sie brauchen Menschen, die mit ihnen ihre eigenen Wünsche reflektieren. Sie brauchen Menschen, die mit ihnen ihre Kompetenzen betrachten, um dann Entscheidungen zu fällen.

Beispiel

Tina soll sich entscheiden, ob sie in die Sport-AG oder die Lese-AG geht. Die Lehrerin sieht, dass es ihr schwerfällt und bespricht die Entscheidung mit ihr. Dabei kommt heraus, dass Tina gern in die Sport-AG gehen würde, weil ihre Freundin Caro dort ist. Die Lehrerin fragt Tina, ob sie zu Hause lieber Sport machen würde oder lieber liest? Tina sagt, dass sie Sport eigentlich nicht gern mache, Lesen fände sie dagegen super. Die Lehrerin und Tina überlegen, wie gut es ihr gefallen würde, nach der Schule noch zum Sport zu gehen und wie gut es ihr gefallen würde, nach der Schule zum Lesen zu gehen. Die Entscheidung fällt für die Lese-AG.

Tina hat anfänglich keinen Anhaltspunkt für ihre Entscheidung, außer ihrer Freundin Caro. Die Lehrerin reflektiert ihre Bedürfnisse und Kompetenzen mit ihr. Sie stellen sich gemeinsam vor, welche Konsequenzen beide Entscheidungen für Tina hätten. Letztlich fällt Tina die Entscheidung sehr leicht.

Um eine Entscheidung gut überblicken zu können, brauchen Kinder einen Zugang zu ihrer eigenen Persönlichkeit.
- Fragen Sie die Kinder nach dem, was ihnen Freude bereitet.
- Fragen Sie die Kinder nach den Konsequenzen, z. B. »Wie wäre es, wenn …?«
- Fragen Sie die Kinder nach ihren Fähigkeiten, z. B. »Was kannst du besser/besonders gut?«

– Fragen Sie die Kinder, welche Dinge die Entscheidung noch beeinflussen (Freunde o. ä.) und wie wichtig das für sie ist, z. B. »Warum möchtest du denn in die AG?«

Entscheidungen dürfen auch mal falsch sein

Wenn Kinder lernen, Entscheidungen zu treffen, wird nicht jede immer »richtig« sein. Unabhängig davon, wie durchdacht und vorausschauend eine Entscheidung war, die Umstände können trotzdem dagegen spielen.

Beispiel

Tina hat sich für die Lese-AG entschieden. Leider kommt diese AG aufgrund zu geringer Schülerzahl nicht zustande, sodass Tina für die Mal-AG eingeteilt wird. Für Tina bricht eine Welt zusammen, dann wäre sie doch lieber in der Sport-AG, damit sie wenigstens mit Caro zusammen ist.

Auch diese Erfahrung ist für Kinder besonders wichtig, um zu lernen, dass nicht alle Konsequenzen in Entscheidungsprozessen ersichtlich sind. Ungeahnte Bedingungen können Handlungen nachträglich beeinflussen. Je früher Kinder lernen mit unvorhersehbaren Folgen umzugehen, desto sicherer werden sie. Sie erfahren, dass Entscheidungen häufig einen blinden Fleck haben. Sie brauchen Mut, sich Unvorhersehbarem stellen zu müssen. Es ist notwendig, sich auf Entscheidungen und das Leben einzulassen, ohne wirklich wissen zu können, wie es ausgeht!

Beispiel

Tina geht lustlos zur Mal-AG. Was sie nicht weiß ist, dass die Lehrerin der Lese-AG auch die Mal-AG leitet. Die mag sie besonders gern. Und weil viele Schüler der ursprünglichen Lese-AG in der Mal-AG sind, beschäftigen sie sich mit Figuren in Büchern und Fabeln.

Entscheidungen, die nicht so verlaufen wie geplant, können auch ihr Gutes haben. Dabei ist es wichtig, den Blick auf die positiven Aspekte zu legen. Tina ist anfänglich geknickt. Sie hat die Wahl, weiterhin traurig zu sein oder sich an den unvorhergesehenen positiven Aspekten zu erfreuen.

Um Entscheidungen etwas Positives abgewinnen zu können, müssen Kinder lernen, den Blick auf das Positive zu werfen. Gelänge es Tina nicht, sich auf die Lese-AG einzulassen, bräuchte sie eine Begleitperson, die mit ihr die positiven Aspekte sucht und betrachtet.

Es gelingt uns nicht immer, Entscheidungen in ihrer Gänze zu überblicken. Darum ist es wichtig, die Sicherheit zu gewinnen, in den Konsequenzen jeder Entscheidung etwas Gutes finden zu können!

Warum ist es wichtig, bereits kleine Kinder einzubinden?

Je früher Kinder lernen teilzuhaben, desto selbstverständlicher streben sie danach. Viele Erwachsene leben in dem Glauben, dass gerade jüngere Kinder noch nicht selbst entscheiden können. Dabei ist bekannt, dass sich bereits Babys, denen zwei Spielzeuge hingehalten werden, auf eines festlegen. Sei es, dass sie gezielt nach einem greifen, oder dass es ihnen nicht gelingt, zwei Spielzeuge gleichzeitig festzuhalten. Jüngeren Kindern wird demnach eine Entscheidungskompetenz abgesprochen, die bereits beim Baby im Ansatz vorhanden ist.

Die Schwierigkeit beginnt dort, wo Entscheidungsprozesse bewusst werden und weitreichendere Folgen haben als bei der Wahl des Spielzeugs.

Beispiel
Kinder, die sich für Winter- statt Sommerschuhe entscheiden. Kinder, die lieber Nudeln essen statt Gemüse. Kinder, die entscheiden, dass sie auf ein Klettergerüst klettern möchten.

Im U3- und Vorschulalter, bis hinauf ins Jugendalter neigen Erwachsene dazu, Kindern Entscheidungen abzunehmen. Dies geschieht meist vor dem wohlwollenden Hintergrund, dass sie besser wissen, was gut für das Kind ist. Gerade in diesem Alter lernen Kinder aber maßgeblich sich einzubringen und erleben einen Zusammenhang zwischen eigenen Bedürfnissen und gesellschaftlichen Regeln, wenn sie dabei begleitet werden. Im U3-Bereich sind es Kinder nicht gewohnt, sich entscheiden zu dürfen. Sie werden morgens angezogen, sie werden in die Einrichtung gebracht, werden dort gewickelt usw. Gerade in diesem Alter jedoch ist das Interesse daran sich einzubringen, besonders groß: Viele verschiedene Dinge locken das Interesse des Kindes.

Beispiel
Wenn die Fachkraft Felix zum Wickeln ruft, freut er sich immer. Die Fachkraft ruft ihn immer schon etwas früher, damit er genügend Zeit hat, sich ein Windelmotiv auszusuchen. Voller Stolz nimmt er die Windel mit den Tieren und beginnt sich schon mal die Hose aufzuknöpfen.

Er klettert auf den Wickeltisch, macht schon mal die Windel auf und reicht der Fachkraft die Creme. Danach wirft er seine Windel in den Mülleimer und wäscht sich die Hände.
  Felix darf sich seine Windel ausziehen – selbst entscheiden
  Felix reicht die Creme – sich einbringen
  Felix kennt den Ablauf – sich sicher fühlen

Sich einbringen, selbst entscheiden können, sich sicher fühlen und das Gefühl von Mitbestimmung zu haben – das sind viele wichtige Inhalte, die in dieser kurzen Sequenz erlebt werden.

Das was wir Kindern im Vorschul-, Schul- und Jugendalter vielfach wieder beibringen, ist hier bereits vorhanden: die Lust an Beteiligung und Selbstständigkeit!

Gleichzeitig schenkt die Einrichtung den sicheren Rahmen, der es dem Kind ermöglicht, Grenzen seines Handelns zu erfahren. Wenn Dinge mir nicht gelingen, sind Bezugspersonen vor Ort, die mich trösten. Wenn ich etwas wage, sind Bezugspersonen dabei, die mich begleiten, wenn ich es möchte. Diese Sicherheit ermöglicht es dem Kind, neue Wagnisse einzugehen. Das führt zu Autonomie und Selbstsicherheit. Was in der U3-Einrichtung gelernt wird, verankert sich im Erfahrungsraum des Kindes und geht ins Verhaltensrepertoire über. Die Sicherheit, die zunächst durch Bezugspersonen gegeben sein muss, geht in eine innere Sicherheit über.

Gleichzeitig bietet die Einrichtung die Möglichkeit, eigene Bedürfnisse im sozialen System der Gruppe zu befriedigen. Gerade Kinder, die es gewohnt sind, dass Bedürfnisse zeitnah befriedigt werden, stoßen hier an die Grenzen des sozialen Miteinanders.

Beispiel

Felix genießt die Wickelsituation so, weil er weiß, dass er nur zwei- bis dreimal am Tag die Möglichkeit dazu hat. Gern würde er öfter mit im Waschraum sein und Zeit mit der Fachkraft allein verbringen. Er weiß jedoch, dass die anderen Kinder auch gewickelt werden müssen und er deshalb nicht immer im Waschraum sein kann. Manchmal, wenn die Kinder nichts dagegen haben, darf er trotzdem mit und der Fachkraft eine Windel anreichen.

Felix' Bedürfnis, mehr Zeit mit der Fachkraft zu verbringen und ihr beim Wickeln zu helfen, kann nur nachgegangen werden, wenn die anderen Kinder nichts dagegen haben. Felix lernt schon heute, dass seine Wünsche abhängig sind von den sozialen Regeln des Miteinanders in der Einrichtung.

Wenn bereits sehr junge Kinder mit in Entscheidungsprozesse einbezogen werden, entsteht das Bewusstsein, etwas bewegen zu können. Die Bedeutung der eigenen Person wie auch des sozialen Miteinanders wächst. Gleichzeitig wird das Bewusstsein geweckt für das Zusammenspiel aus eigenen Interessen und Bedürfnissen, sozialen Erwartungen und Möglichkeiten.

Je früher Kinder dies lernen, desto leichter fällt es ihnen im Laufe ihres Lebens, sich für ihre Interessen stark zu machen, diese in Einklang mit den sozialen Möglichkeiten zu bringen und Veränderungen anzutreiben.

Warum ist die Berufswahl leichter, wenn man teilhabend aufwächst?

Um langfristige Entscheidungen im Leben treffen zu können, muss bereits als Kind gelernt worden sein, sich einzubringen. Es ist wichtig zu erleben,
- dass die eigene Meinung wichtig ist,
- dass sie Gehör findet,
- dass das Aussprechen der eigenen Meinung das Leben verändern kann,
- dass die eigene Meinung ein Gewicht hat,
- dass die eigenen Interessen wichtig sind,
- dass es bedeutend ist, die eigenen Interessen für sich und andere zu vertreten.

Kinder lernen, dass Meinungsäußerung sowie das Fällen von Entscheidungen bedeutend sind und Konsequenzen nach sich ziehen, positive wie negative.

Kinder zu beteiligen, sorgt dafür, dass Kinder sich als wichtigen Bestandteil der Gesellschaft wahrnehmen und dass das, was sie sagen und tun, wichtig für das soziale Miteinander ist. Wenn Jugendliche dies bereits erfahren haben, kann die Entscheidung für einen Beruf zwar noch Unsicherheit auslösen, gleichzeitig werden sie aber mutig genug sein, einen neuen Schritt in die Gesellschaft hinein zu vollziehen. Sie haben gelernt, Handlungsspielräume zu überblicken, sind gefasst darauf, dass Konsequenzen nicht gänzlich überschaubar sind, und können mit Unvorhersehbarem umgehen.

Wie kann unsere Gesellschaft von Partizipation nachhaltig profitieren?

Teilhabend aufzuwachsen macht Kinder vertraut damit, Entscheidungen zu fällen. Es hilft ihnen nicht nur, Entscheidungen zu überblicken, sondern sie in Bezug auf das eigene Leben zu betrachten. Was kann ich? Was möchte ich? Was heißt das für mich und die soziale Gruppe, in der ich lebe?

Unsere heutige Gesellschaft ist geprägt von sozialen Erwartungen und Druck. Ein stressiger Job, die Vereinbarkeit von Familie und Beruf, Arbeitslosigkeit, Armut u.v.m. fordern dem Menschen Standhaftigkeit und Durchhaltevermögen ab. Die vielen Einflüsse der Außenwelt lenken Menschen ab von dem, was sie wirklich wollen und wer sie eigentlich sind.

Um dem Druck standhalten zu können, brauchen sie jedoch das Bewusstsein für sich selbst. Sie müssen wissen, wer sie sind, was sie können und was sie brauchen. Darüber hinaus verlangt es den Mut für sich einzustehen, auch ohne die Zustimmung der Umwelt.

Unsere Gesellschaft braucht Menschen,
- die auf Entwicklungen aufmerksam machen,
- die für sich und andere einstehen und ihre Meinungen vertreten,
- die für sich einen Handlungsspielraum erkennen und nutzen, um den eigenen Bedürfnissen bestmöglich gerecht werden zu können,
- die sich ihrer Fähigkeiten bewusst sind und diese zum eigenen Wohl einsetzen,
- die keine Angst vor Entscheidungen und Misserfolgen haben, sondern wissen, dass das Leben viele Handlungsalternativen bietet.

Nicht gemeint ist damit, dass unsere Gesellschaft nur mit Revolutionären funktioniert. Gemeint ist, dass jeder sich so in die Gesellschaft einbringen kann, wie es seinen Bedürfnissen gerecht wird. So braucht es neben der Rolle des Revolutionären auch den Konstanten. Der Konstante geht seinem Bedürfnis nach Sicherheit nach, der Revolutionär geht seinem Bedürfnis nach Veränderung nach.

Die Interessen und die Bedürfnisse jedes Einzelnen stehen im Zentrum. Eigene Interessen auszuloten und auf ihre Möglichkeit der Umsetzung im gesellschaftlichen Rahmen hin zu analysieren, gehört dabei ebenso zur Partizipation wie die eigene Meinung zu äußern. Teilhabe heißt, Teil eines Ganzen zu sein, eines bestehenden Systems. Es bedeutet, das System mit neuen Ideen voranzubringen, ohne dabei gegen die Regeln zu arbeiten, die es zusammenhält.

Wenn es uns gelänge, unsere Kinder bereits teilhabend aufwachsen zu lassen, würde unsere Gesellschaft von (weiteren) Menschen bereichert, die neue Ideen mitbringen, die Neues wagen ohne Angst vor Grenzen und Ablehnung zu haben. Sie können sich gut im bestehenden System einfinden und können Gegebenes hinterfragen. Sie können den Wahrnehmungshorizont erweitern.

Sie haben ein Bewusstsein für Erwartungen und Einflussfaktoren und können sich sozial bewusst entscheiden. Sozial bewusst meint: nicht frei von der Gesellschaft, in der sie aufgewachsen sind, und doch mit größtmöglicher Objektivität und Reflexion.

Darüber entwickelt sich ein positiver Blick auf unsere Gesellschaft. Anders als es in Drucksituationen empfunden wird, empfindet der Teilhabende die Möglichkeit, Dinge zu verändern, er sieht Handlungsspielraum und fühlt sich nicht in den sozialen Zwängen gefangen. Er entwickelt das Gefühl von Autonomie und sieht Möglichkeiten der Veränderung. Eine zukunftsträchtige Gesellschaft braucht Menschen, die ein Gleichgewicht zwischen eigenen Interessen und gesellschaftlichen Anforderungen herstellen können, die sich zurechtfinden und ihren Bedürfnissen im Rahmen der Möglichkeiten nachgehen können.

Das hält Menschen nicht nur gesund, sondern macht sie zufrieden! Und zufriedene Menschen engagieren sich für das, was sie haben, sie investieren und stabilisieren unsere Gesellschaft!

Anhang

Alle Arbeitsblätter werden hier im Buch vorgestellt. Für die Arbeit im Team sind sie im Downloadmaterial verfügbar.

Arbeitsblatt 1: Aussagen

- Partizipation ist eine Haltung.
- Partizipation heißt, sich einbringen.
- Kinder beteiligen, heißt sie zu fragen, was sie möchten.
- Partizipation beginnt im Team.
- Partizipation braucht auch Grenzen.
- Partizipation ist der Schlüssel zur Bildung.
- Wertschätzung ist die Basis von Partizipation.
- Kinder sind viel schutzbedürftiger als Erwachsene.
- Jedes Kind hat das Recht auf Partizipation.
- Partizipation in pädagogischen Einrichtungen ist der Schlüssel zur Teilhabe in der Gesellschaft.
- Kinder können mehr entscheiden, als wir ihnen zutrauen.
- Auch Partizipation braucht Anleitung.
- Kinder sind für den Alltag in der Einrichtung mitverantwortlich.
- Kinder sollten Entscheidungen immer selbst treffen.
- Partizipation stärkt Selbstvertrauen und Sicherheit.
- Partizipation beginnt in der Zusammenarbeit im Team.
- Partizipation ist Gemeinschaft auf Augenhöhe.
- Ein Kind hat die gleichen Rechte wie ein Erwachsener.
- Partizipation fängt bei mir an.
- Kinder zu beteiligen, erleichtert die Arbeit der Fachkräfte.
- Partizipation wird am leichtesten in der Kindheit erlernt.

Arbeitsblatt 2: SMART-Regeln

S pezifisch
M essbar
A ttraktiv
R ealistisch
T erminiert

Arbeitsblatt 3: Gemeinsames Ziel

Unser gemeinsames Ziel:

Bis wann möchten wir das Ziel erreicht haben?

Woran merken wir, dass wir unser Ziel erreicht haben?

Arbeitsblatt 4: Bildungsziele in der pädagogischen Arbeit

Bildungsziele in der pädagogischen Arbeit:

-
-
-
-
-
-
-
-
-
-
-
-
-
-

Arbeitsblatt 5: Bildungsvoraussetzungen

Wann äußern Sie gerne Ihre Meinung, was möchten Sie damit bezwecken?

_____

_____

_____

Wann macht Ihnen Ihre Arbeit besonders Spaß?

_____

_____

_____

Mit wem arbeiten Sie besonders gerne zusammen?

_____

_____

_____

Wann lernen Sie besonders gut (heute oder früher in der Schule)?

Unter welchen Bedingungen entwickeln Sie sich weiter?

Arbeitsblatt 6: Auswertung Bildungsvoraussetzungen

Voraussetzungen:

- _____
- _____
- _____
- _____
- _____
- _____
- _____
- _____
- _____
- _____
- _____
- _____
- _____
- _____

Arbeitsblatt 7: Partizipation als Schlüssel zum Bildungserfolg

Partizipation baut die Brücke zwischen Bildungsvoraussetzungen und Bildungszielen

© WoGi – Fotolia

Arbeitsblatt 8: Methoden/Ziele/Grenzen

Methoden	Ziele	Grenzen
•	•	•
•	•	•
•	•	•
•	•	•
•	•	•
•	•	•
•	•	•
•	•	•
•	•	•
•	•	•
•	•	•
•	•	•
•	•	•
•	•	•
•	•	•
•	•	•

Arbeitsblatt 9: Evaluationsbeauftragte

Evaluationsbeauftragte(r): _____

Aufgaben:

_____

_____

_____

_____

Im Amt bis: _____

Hiermit nehme ich die Wahl der Evaluationsbeauftragten und die damit verbundenen Aufgaben an.

_____
Ort, Datum

Arbeitsblatt 10: Nächste Schritte der Umsetzung

Diese Situation soll im nächsten Schritt verändert werden:

Erste Schritte der Veränderung werden sein:

___

___

___

Vorbereitungen/Organisation:

___

___

___

Evaluationstreffen:

___

___

___

Anhang 125

Arbeitsblatt 11: Mein persönlicher nächster Schritt

Diese Situation möchte ich im nächsten Schritt verändern:

Erste Schritte der Veränderung werden sein:

_____

_____

_____

Vorbereitungen/Organisation:

_____

_____

_____

Evaluation (Wann und wie?):

_____

_____

_____

Danksagung

Ich möchte den vielen engagierten und motivierten Fachkräften danken, mit denen ich Fortbildungen durchführen durfte, die in dieses Buch eingeflossen sind. Danke für Ihre Motivation, Ihr Engagement und die Freude an Partizipation!

Mein besonderer Dank gilt den **Bochumer** Einrichtungen St. Nikolaus von Flüe, St. Meinolphus, St. Peter und Paul sowie der Kita St. Liborius, **Kitas des Kita-Zweckverbands Essen**, für den gemeinsamen Startschuss zu dieser Veranstaltungsreihe.

Die Zusammenarbeit und Fortführung der Arbeit in den Teams schenkten mir nicht nur neuen Input, sondern zeigten auch, wie viel in gemeinschaftlicher Arbeit erreicht werden kann!

Literatur

Andersen, S. (2014). In: Deutscher Kinderschutzbund. Verfügbar unter: http://www.dksb.de/Content/shownews.aspx?news=240, abgerufen am 20.04.15

Ausführungsgesetze der Länder. In: deutscher Bildungsserver. Verfügbar unter: http://www.bildungsserver.de/Ausfuehrungsgesetze-der-Laender-zu-Tageseinrichtungen-fuer-Kinder-Kitagesetze--1899.html, abgerufen am 20.04.15

Bundesministerium für Familie, Senioren, Frauen und Jugend (2010). Übereinkommen über die Rechte des Kindes. Berlin

Bundeszentrale für politische Bildung (2015). Verfügbar unter: http://www.bpb.de/nachschlagen/lexika/politiklexikon/17998/partizipation, abgerufen am 20.04.15

Bürgerliches Gesetzbuch. Sozialgesetzbuch VIII. Kinder- und Jugendhilfe.

Deutscher Kinderschutzbund (2014). Stellungnahme zur Anhörung zum Thema »Kinderrechte wirklich umsetzen! Nordrhein-Westfalen braucht geschulte Fachkräfte in allen Einrichtungen der Kinder- und Jugendhilfe, Schulen, Familienzentren für die konkrete Informationsvermittlung von Kinderrechten«. Verfügbar unter: http://www.dksb.de/Content/shownews.aspx?news=240, abgerufen am 20.04.15

Dobrick, M. (2011). Demokratie in Kinderschuhen. 2. Auflage. Göttingen: Vandenhoeck & Ruprecht

Genfer Erklärung. In: Kinderrechtskonvention. Verfügbar unter: http://www.kinderrechtskonvention.info/historie/, abgerufen am 20.04.15

Hansen, R./Knauer, R./Friedrich, B. (2004). Die Kinderstube der Demokratie. Kiel: Ministerium für Justiz, Frauen, Jugend und Familie des Landes Schleswig-Holstein

Kinderrechtskonvention. Verfügbar unter: http://www.kinderrechtskonvention.info/historie/, abgerufen am 20.04.15.

Maywald, J. (2014). Recht haben und Recht bekommen – der Kinderrechtsansatz in Kindertageseinrichtungen. Verfügbar unter: http://www.kita-fachtexte.de/uploads/media/KiTaFT_maywald_II_2014_1_.pdf, abgerufen am 20.04.15

Schröder, R. (1995). In: Kindergartenpädagogik. Verfügbar unter: http://www.kindergartenpaedagogik.de/1087.html, abgerufen am 20.04.15.

Thiel, A. (2014). Kinder coachen: die bessere Pädagogik. Göttingen: Vandenhoeck & Ruprecht

Link unter: www.v-r.de/Partizipation
Code für Download-Material:
NG&{&q7U